OSER ÊTRE SOI-MÊME

DU MÊME AUTEUR

De la kippa à la croix. Conversion d'un juif au catholicisme, Salvator, 2013

Jean-Marie Élie Setbon

OSER ÊTRE SOI-MÊME

La finalité de l'Incarnation

Avec la collaboration de Sophie Déplanque
Préface du père Pierre Descouvemont

SALVATOR
103, rue Notre-Dame des Champs
F-75006 Paris

Yves Briend Éditeur S.A.
103, rue Notre-Dame des Champs. F-75006 Paris
www.editions-salvator.com
contact@salvator-editions.com

Maquette intérieure : Atlant'Communication
Maquette de couverture : Atelier Didier Thimonier

ISBN : 978-2-7067-1152-7

À mes enfants.
Que Dieu vous bénisse et qu'il vous procure,
dans tout ce que vous avez déjà vécu
et dans ce que vous aurez à vivre,
toujours plus de force et de joie,
la joie d'être vous-mêmes, libres, enfants de Dieu !

À saint Jean l'Apôtre

Ô mon saint patron, ô glorieux Apôtre,
Toi qui as été si cher à Jésus, si proche de lui…
Toi qui as eu la grâce de poser ta tête
sur sa Divine poitrine
Et d'être donné par lui comme
fils à sa très Sainte Mère, la Vierge Marie,
Avec qui tu as eu, et tu as maintenant au
Ciel, une relation privilégiée,
Je te supplie de mettre en mon cœur
le plus vif amour pour Jésus et pour Marie.
Je te prie d'obtenir de Jésus que moi aussi, avec un cœur pur,
je sois digne d'être toujours uni à lui ici-bas,
comme fidèle disciple,
Et à Marie, comme un fils dévoué,
Afin de leur rester éternellement uni dans le Ciel.
Que, par ta prière, Jésus soit compatissant !
Toi qui as vu le Verbe, qui le vois dans la gloire et qui nous
l'annonces,
Toi qui t'es converti au Christ, à ce qu'il est et représente,
Toi qui nous as donné
L'Évangile,
Les lettres,
L'Apocalypse,
Toi qui as suivi Jésus jusqu'au bout,
Toi qui as vu le tombeau vide et qui as cru,
Toi qui as vu Jésus ressuscité,

Toi qui as réellement vécu de lui,
Prie pour que ces quelques pages,
Que le Seigneur m'a donné la grâce de pouvoir écrire,
Touchent les cœurs de chaque lectrice et de chaque lecteur.
Amène-moi toujours plus à Jésus et en Jésus, par Marie,
Prie pour que je parvienne à toujours mieux
comprendre tes écrits, de l'intérieur,
Et à m'en nourrir,
Afin que je puisse aujourd'hui, par toi,
me nourrir du Christ ressuscité !
Aide-moi à me convertir chaque jour davantage,
À être toujours plus enfant de Dieu,
Et ton petit frère…
Enfin protège-moi, mon grand frère,
de toute attaque intérieure et extérieure.
Saint Jean, prie pour moi.

Amen

Préface

Ce livre est un cri. Le cri de joie d'un converti, qui n'en finit pas de s'émerveiller d'avoir enfin rencontré le Christ comme Quelqu'un de bien vivant à côté de lui. Et non plus comme une simple présence divine qui le fascinait dans son enfance, lorsqu'il passait des heures à contempler un Calvaire sur le bord d'une route ou le crucifix qu'il cachait sous son oreiller.

On sent, à la lecture de ces pages, la joie avec laquelle Élie Setbon est devenu Jean-Marie le jour de son baptême, le jour où, selon l'expression vigoureuse de saint Paul, il a « revêtu » le Christ. Il ne cesse de nous rappeler que le baptisé est une créature *nouvelle*, un *nouveau-né, un « homme nouveau »*, appelé à vivre une vie toute *nouvelle*, depuis qu'il est rené de l'eau et de l'Esprit.

L'auteur nous avait confié dans son premier livre qu'il avait découvert, en devenant chrétien, une façon tout autre de vivre sa relation avec Dieu : « Il n'y a pas de relation d'intimité et d'amitié avec Dieu au quotidien quand on est Juif, sauf pour quelques grands justes dont nous parlent les livres saints. Alors que Jésus nous appelle *tous* à participer à sa vie divine, à vivre en Lui comme il vit en nous, à changer ma vie naturelle en vie surnaturelle, à la diviniser par mon lien à Dieu : c'est fou tout de même[1] ! »

Ici, il essaye de nous décrire comment il vit cette conviction que Dieu demeure en lui et qu'il demeure en Dieu. Et il trouve dommage que trop de chrétiens vivent leurs journées en oubliant qu'ils sont vraiment « dans le Christ », l'expression qui revient cent cinquante-neuf fois sous la plume de saint Paul. Comment un poisson pourrait-il vivre en sortant de l'océan, son ambiance vitale ? Vivez vos journées, répète Jean-Marie Setbon à tous ses frères chrétiens, en restant tout près de ce Jésus qui est le « milieu de vie » dont vous avez absolument besoin pour vivre en enfants de Dieu.

Certes, le « vieil homme » est encore là, avec ses faiblesses, ses blessures et ses chutes. Mais notre auteur a bien compris le paradoxe mis en lumière par saint Paul dans sa seconde lettre aux Corinthiens, à savoir qu'il a le droit de se glorifier de ses faiblesses, de son incapacité radicale à vivre sur terre toutes les exigences de l'amour évangélique, afin que la puissance du Christ habite en lui. « C'est lorsque je suis faible, conclut l'apôtre, que je suis fort » (2 Co, 12, 10).

Et Jean-Marie Setbon de citer saint François de Sales, ce merveilleux directeur spirituel qui ne cessait d'écrire à ses Philotées qu'elles ne devaient jamais se décourager au vu de leurs faiblesses car, leur répétait-il, c'est « à force de prendre conscience de votre orgueil

1. *De la kippa à la croix*, Salvator, 2013, p. 181.

et d'en demander pardon à Dieu que vous finirez par recevoir la grâce de la véritable humilité ! »

L'auteur nous annonce qu'il consacrera un autre ouvrage à nous parler du combat spirituel, car l'acceptation paisible de la part de vieil homme qui demeure en nous ne doit pas nous faire abandonner la lutte persévérante contre les mauvaises habitudes que nous avons laissé s'installer dans nos membres. Mais il déplore le repli sur eux-mêmes auquel se laissent aller trop de chrétiens, oubliant la manière dont se convertissent toutes les Marie-Madeleine : c'est en levant les yeux vers Jésus et en se laissant illuminer par son sourire plein d'amour qu'éclate leur cœur de pierre pour faire place à un cœur de chair, totalement renouvelé par l'Esprit saint.

Nous devrions, nous dit-il, imiter saint Séraphim de Sarov qui ne pouvait rencontrer un frère sans s'écrier aussitôt : « Ma joie, Christ est ressuscité ! » Sa vie de Fils de Dieu ressuscité, Il veut en effet la transfuser en nous pour que nous participions à sa vie, à sa joie. Une joie que nous ne connaissons pas lorsque nous ne pensons qu'à nos petits succès, à l'impression que nous provoquons chez les autres.

Et le Seigneur nous aime tellement qu'Il nous dit comme à la Samaritaine qu'Il a soif de notre amour. Notre pauvre amour de créatures – et de créatures pécheresses –, Il le « mendie », comme aimait dire la petite Thérèse. Il est vraiment « fou d'amour », notre Dieu. Aussi l'auteur nous invite-t-il à mettre nous aussi un « grain de folie » dans notre vie. Et plus qu'un grain ! Il faut qu'en laissant la Parole de Dieu germer et croître dans notre jardin, elle produise des fruits abondants de joie et d'amour et que nous devenions, au milieu du monde où Dieu nous a plantés, des témoins de la Bonne Nouvelle à laquelle nous avons reçu la grâce de croire.

Cette folie peut et doit se vivre en plein monde. Par l'incarnation de son Fils – ce mystère qui scandalisait tant notre auteur avant sa conversion – Dieu nous a fait comprendre une fois pour toutes qu'Il s'intéresse prodigieusement aux détails les plus insignifiants de notre existence quotidienne et que, par conséquent, nous avons le droit et le devoir de nous passionner pour tout ce qu'Il nous demande de faire ici-bas. Nous Lui plaisons tout autant en prenant beaucoup de plaisir à toutes les activités qui ponctuent nos journées qu'en nous privant de nourriture à d'autres moments pour être plus disponibles à l'écoute de sa Parole.

Bref, il s'agit *d'oser être nous-mêmes*, c'est-à-dire des enfants de Dieu, heureux de laisser s'épanouir en eux toute la vie du Christ ressuscité. L'auteur n'a écrit ce livre que pour faire partager à ses lecteurs son plus profond désir. Que se lèvent davantage au sein de l'Église des hommes et des femmes qui n'aient pas peur de montrer leur attachement viscéral à la Personne du Christ, qui osent en parler et qui proclament par toute leur vie que Jésus est vraiment Celui qui est venu sauver le monde.

Père Pierre Descouvemont

Introduction

Cher lecteur (ou chère lectrice),

Je ne connais pas ton nom, je ne sais pas qui tu es. Mais qui que tu sois, quelle que soit ton origine, ton histoire, tes croyances et tes appartenances religieuses, ce livre s'adresse à toi ! Quelles que soient les raisons pour lesquelles cet ouvrage se trouve entre tes mains, il s'adresse à toi comme il s'adresse à chacun car nous sommes tous les créatures du même Créateur, de ce Dieu qui a un plan pour chacun d'entre nous et qui ne cesse de nous chercher… Peut-être as-tu déjà lu mon premier livre, *De la kippa à la croix* ? Si oui, tu connais déjà mon histoire depuis ces premiers instants où, petit garçon juif, je fus attiré de façon irrépressible par la croix, cet objet de scandale pour ma famille et donc aussi pour moi, jusqu'à ma conversion et mon baptême en 2007, à l'âge de 43 ans. Désormais, mon désir est de me mettre au service de mes frères et sœurs en témoignant autour de moi, auprès de chaque personne qui veut bien l'entendre, de ce que le Christ est venu changer dans ma vie, de ce qu'il me donne de vivre et de comprendre, jour après jour, à travers la prière, la contemplation, l'adoration, la méditation, à travers l'étude des Pères et des Docteurs de l'Église comme saint Jean de la Croix, de saints comme Dom Marmion et Élisabeth de la Trinité, ou encore à travers mes expériences et mes rencontres au sein de l'Église catholique. Je veux te livrer mes joies, mes émerveillements et te faire découvrir à ton tour la « folie » du christianisme tel qu'il se révèle à moi ! Je veux aussi te confier les interrogations et les incompréhensions auxquelles je me heurte parfois en découvrant la réalité du catholicisme en France... J'ai tellement de choses à te dire qu'un seul ouvrage ne saurait les contenir toutes ! Aussi, avec la grâce de Dieu, j'espère en écrire d'autres.

J'ai choisi de consacrer cet ouvrage à la prise de conscience qui a été la mienne (et qui l'est toujours, de plus en plus) de l'utilité de l'Incarnation. J'ai choisi de traiter ce sujet avant les autres parce que, pour un juif, c'est ce point qui est le plus difficile à concevoir : Dieu qui assume notre humanité ! Saint Paul et saint Jean eux-mêmes ont été confrontés à ce problème et tous leurs écrits, toute leur théologie, sont centrés sur cette question essentielle de l'Incarnation et inévitablement sur l'existence d'un Dieu trinitaire ! J'ai voulu donner à ce livre l'allure d'un dialogue, instaurer avec toi une proximité. Tu auras peut être parfois l'impression que je me répète. Qu'importe ! Je cherche avant tout à m'adresser à ton cœur ! Surtout n'oublie pas, au cours de ta lecture, que tu n'es pas obligé d'être de mon avis. En effet, tant que l'Église catholique ne s'est pas prononcée doctrinalement sur tel ou tel sujet, il peut connaître diverses approches. Rien ne nous empêche alors d'accueillir l'autre dans sa manière d'aborder les choses, d'enrichir la discussion et de chercher ensemble à comprendre toujours mieux et en profondeur le mystère de Dieu, afin de l'aimer toujours davantage, l'adorer, le glorifier ! Le Seigneur passe à travers la nature et la sensibilité de chacun, l'Esprit saint souffle ! Enfin, si tu es catholique, je te prie de ne pas te vexer de ce que je vais dire à certains moments, de ne pas en être blessé... Mon intention n'est pas du tout de juger mais de faire preuve de sincérité. Ce que tu vas lire te semblera peut-être parfois déplacé de la part d'un homme qui vient de se convertir. Mais mon regard est neuf et me permet de voir des choses que tu ne vois peut-être pas... Nous avons tous besoin de conversions, à commencer par moi-même ! Je te demande de m'accueillir comme ton petit frère, en toute simplicité...

Ce livre a fait l'objet d'une relecture et d'une vérification théologique par le père Dominique-Marie de Saint Laumer.

I

Enfants de Dieu !

« Dieu notre Sauveur [...], après nous avoir arrachés de la puissance d'un ennemi cruel, nous a élevés à la très noble dignité d'enfants de Dieu. »
Le pape Léon XIII

Je désire tout d'abord, dans ces quelques pages, témoigner auprès de toi de ce que Dieu me donne de comprendre de son projet sur moi, sur toi, sur chacun d'entre nous, de ce qu'il me donne de vivre dans ma nouvelle vie de chrétien catholique. Il s'agit bien en effet d'une nouvelle vie, puisque, comme nous l'a dit saint Paul, si nous avons été baptisés en Jésus Christ, « c'est pour que nous menions une vie nouvelle » (Rm 6, 4) !

Le projet de Dieu pour l'homme

« Voyez comme il est grand l'amour
dont le Père nous a comblés :
il a voulu que nous soyons appelés enfants de Dieu. »
(1 Jn 3,1)

Toi qui lis ces lignes, qui que tu sois, chrétien, juif, musulman ou athée, franc-maçon peut-être, sais-tu que la préoccupation de Dieu, depuis très longtemps, avant même que l'homme ne soit créé, de toute éternité, c'est que nous soyons, non pas simplement ses créatures, mais véritablement ses enfants ? C'est saint Paul qui nous le révèle, dans sa lettre aux Éphésiens, quand il nous dit que Dieu « nous a élus en lui, dès la fondation du monde [...] déterminant d'avance que nous serions pour lui des fils adoptifs par Jésus-Christ » (Ep 1, 4-5). Oui, Dieu nous a choisis pour être ses fils adoptifs ! Pourquoi adoptifs ? Parce que, par nature, nous sommes les enfants de nos parents et non pas les enfants de Dieu. Nous sommes simplement ses créatures. Jésus, en revanche, est, par nature, Fils de Dieu. En ce qui nous concerne, pour que nous le devenions à notre tour, il va falloir que Dieu nous engendre de manière surnaturelle. Cette seconde naissance se produit au moment du baptême, par Jésus-Christ (comme je te l'expliquerai plus loin), qui par filiation devient aussi à cette occasion notre grand frère ! Ainsi, saint Jean, dans sa première lettre (9, 3), désigne le chrétien comme : « l'homme qui est né de Dieu »...

Je me suis demandé pourquoi Dieu a désiré faire de nous ses enfants, pourquoi il a souhaité nous faire entrer dans sa famille. Saint Paul apporte une réponse toute simple à cette question : c'est parce que « tel [est] le bon plaisir de sa volonté » (Ep 1, 5) ! Dans le *Catéchisme de l'Église catholique*, nous pouvons lire : « Dieu, infiniment Parfait et Bienheureux en lui-même, dans un dessein de pure bonté, a librement créé l'homme pour le faire participer à sa vie bienheureuse[1]. » Sa vie bienheureuse, c'est sa vie divine. L'homme, c'est toi et moi. La relation du Créateur avec sa créature se limiterait à celle du roi avec son serviteur. Or, Dieu est transcendant et tout-puissant mais il n'a pas voulu être un Dieu lointain ! Au contraire, il désire se faire proche de nous, ses créatures ! À de nombreuses reprises dans l'Ancien Testament, nous pouvons voir et ressentir cette proximité de Dieu avec l'homme. Dans la Genèse, par exemple, après la faute d'Adam, Dieu lui-même part à sa recherche ; Adam, lui, s'est caché, il s'est replié sur lui-même, il a peur. Dieu le questionne, il lui demande tout simplement : « Où es-tu ? » (Gn 3, 9). Plus loin, vois à quel point il se sent concerné par le meurtre d'Abel. Il se soucie de ce qui lui est arrivé et demande à Caïn : « Où est ton frère Abel ? », puis : « Qu'as-tu fait ? » (Gn 4, 10). Dieu est rempli de compassion pour l'homme ! Regarde le Cantique des Cantiques et observe de quelle manière Dieu s'adresse à notre âme : « Ouvre-moi ma sœur,

1. CEC, Prologue, I, La vie de l'homme, 1.

mon amie, ma colombe, ma parfaite… » (Ct 5, 2). Ces mots ne témoignent-ils pas d'une véritable relation d'amour, cette relation que Dieu désire pour toi, pour moi, pour chacun d'entre nous ? Depuis le commencement, Dieu nous aime, infiniment et totalement, avec tout ce que nous sommes et tout ce que nous faisons, malgré notre péché, malgré le fait que tant de fois nous lui tournions le dos. Cette attitude de Dieu qui s'intéresse tant à l'homme et qui le cherche sans cesse dans l'Ancien Testament est une préfiguration de son Incarnation en Jésus-Christ. Même si elle s'exprime de façon différente dans les Évangiles, c'est toujours le même Dieu et le même projet.

En s'incarnant, Dieu nous rejoint dans ce que nous sommes, dans notre humanité (et cela ne change rien à ce qu'il est : il est Dieu !). C'est ainsi qu'il réalise son projet de faire de nous ses enfants. En effet, saint Jean, dans son Prologue, écrit que le Verbe s'est fait chair et qu'« à tous ceux qui l'ont reçu, il leur a donné le pouvoir de devenir enfants de Dieu » (Jn 1, 12). Or, être enfant de Dieu, c'est finalement être soi-même, ce pour quoi on a été créé ! Au IVe siècle après Jésus-Christ, saint Athanase d'Alexandrie, l'un des Pères de l'Église, expliquait que le but principal de l'Incarnation a été de rendre possible notre union à Dieu, c'est-à-dire notre propre divinisation[1]. Car quand nous disons que nous sommes enfants de Dieu, c'est que nous sommes nous-mêmes divinisés, ce ne sont

1. Saint Athanase d'Alexandrie (298-373), *Contre les Ariens*, II, 70.

pas que des mots ou un concept ! Jésus a proclamé sa divinité auprès des juifs de son époque, il ne leur a pas seulement révélé qu'il était le Messie mais bien qu'il était Fils de Dieu, égal à Dieu le Père ! Ainsi, par Jésus, Dieu permet à l'homme de recevoir la divinité et d'être divinisé de plus en plus. Et plus nous sommes divinisés, plus nous sommes en mesure d'être nous-mêmes. Sans cela, nous ne pouvons pas l'être car notre regard sur nous-mêmes, sur les autres ou sur les événements n'est pas objectif. Il est déterminé par notre naissance charnelle. Comme l'affirme ce verset du psaume 51 : « Voici que je suis né dans l'iniquité et ma mère m'a conçu dans le péché » (Ps 51, 7). Dans la Genèse, nous pouvons lire : « L'Éternel vit que la méchanceté de l'homme était grande sur la terre et que son cœur ne formait que de mauvais desseins à longueur de journée » (Gn 6, 5). Voici l'état du cœur de l'homme après la faute ! Et c'est aussi pour nous libérer de tout cela que le Christ s'est incarné ! Pour nous permettre d'être nous-mêmes. Comme l'a si bien dit saint Bernard de Clairvaux, « dans sa première œuvre, il m'a donné à moi-même ; dans la seconde, il s'est donné à moi et, en se donnant, il m'a rendu à moi-même ».

Que tu sois croyant(e) ou non, permets-moi de te poser ces quelques questions : peux-tu affirmer que tes choix sont réellement libres ? Que tu es véritablement toi-même ? Peux-tu dire honnêtement, en te regardant dans un miroir, que tu n'es pas influencé(e) par le regard de l'autre, par le pouvoir, par l'argent, par la société, par ta famille, par ton éducation, par tes désirs personnels ? Si tu es chrétien ou chrétienne, je t'invite à t'interroger davantage : vis-tu en vérité, réellement, concrètement, cette vie de fils ou de fille de Dieu ? Jésus n'a-t-il pas dit : « Celui qui n'accueille pas le Royaume de Dieu à la manière d'un enfant n'y entrera pas » (Mc 10, 16) ? Peut-être que pour x raisons, nous avons décidé de refuser cela, peut-être avons-nous préféré enfermer Dieu dans des concepts spirituels, religieux, rationnels, intellectuels, laissant ainsi le champ libre pour être nous-mêmes notre propre référent, même lorsque nous désirons parler de lui par la théologie. Peut-être sommes-nous en travers du projet de Dieu sur nous… Or, ne serait-ce pas cela le plus grand péché, la plus grande offense que nous puissions lui faire puisque le but même de l'Incarnation, de la mort et de la résurrection de Jésus a été de nous réconcilier avec lui et de faire de nous ses enfants ? Je reprends cette image que j'ai donnée un peu plus haut afin que nous puissions la méditer à nouveau : dans la Genèse, Dieu interroge Adam – « Où es-tu ? » – et Adam se cache car il a peur. Nous aussi, aujourd'hui, Dieu nous cherche et nous demande : « où es-tu ? » Et là, nous pouvons lui répondre ce que nous voulons – « laisse-moi tranquille ! », « ça ne te regarde pas ! », « je vais me débrouiller tout seul ! » – mais quoi que nous disions, nous ne pourrons pas l'empêcher de nous chercher et de nous questionner, nous, puisque nous faisons partie de son projet depuis le commencement ! Oui, Dieu cherche et questionne inlassablement chacun d'entre nous mais il ne s'impose pas. Au contraire, il demande notre amour, il le quémande ! Nous connaissons tous cet adage : « L'homme propose et Dieu dispose. » Je dirais plutôt que Dieu nous propose son amour, il nous propose d'être nous-mêmes et que c'est l'homme qui dispose ! Jésus a déclaré : « Si quelqu'un m'aime, il gardera ma parole, et mon Père l'aimera et nous viendrons vers lui et nous nous ferons notre demeure chez lui » (Jn 14, 23). Dieu désire que nous l'aimions afin de pouvoir habiter en nous ! Tu imagines, Dieu, sur son trône dans les Cieux, qui vient mendier notre amour afin de pouvoir venir habiter en nous, pour nous permettre d'être à notre tour à son image, véritablement nous-mêmes, totalement libres dans cet amour divin ? Voilà ce qu'est le Dieu des Évangiles, voilà ce qu'est Jésus ! Voilà la nouveauté du christianisme ! Voilà ce que je vis depuis ma conversion, ce que j'ai compris et qui n'existe nulle part ailleurs !

Prière :

Ô mon Père, par le nom de Jésus, en Jésus et par Jésus,
Donne-moi la grâce de vivre toujours davantage
de ce projet que tu as pour moi :
Celui d'être ton enfant chéri,
Cet enfant que tu aimes tellement, ô Père,
que tu as envoyé Jésus, ton Fils, pour moi,
Afin que je puisse naître de l'Esprit saint
Et faire partie de ta famille.
Amen.

Que se passe-t-il au moment du baptême ?

> *« Le baptême ne purifie pas seulement de tous les péchés, il fait aussi du néophyte "une création nouvelle" (2 Co 5, 17), un fils adoptif de Dieu (cf. Ga 4, 5-7) qui est devenu "participant de la nature divine" (2 P 1, 4), membre du Christ (cf. 1 Co 6, 15 ; 12, 27) et cohéritier avec Lui (Rm 8, 17), temple de l'Esprit saint (cf. 1 Co 6, 19). »*
>
> (*Catéchisme de l'Église catholique* VII – La grâce du baptême, 1265)

Sommes-nous vraiment conscients de ce que le baptême opère concrètement en nous ? Le baptême fait de toi et moi de nouvelles créatures. Il constitue véritablement une nouvelle naissance. Dans l'Évangile de saint Jean (Jn 3, 3-7), Jésus s'entretient avec un pharisien nommé Nicodème et lui déclare : « En vérité, en vérité, je te le dis, nul s'il ne naît de nouveau, ne peut voir le royaume de Dieu. » Nicodème ne comprend pas et s'interroge : « Comment un homme, quand il est déjà vieux, peut-il naître ? Peut-il entrer une seconde fois dans le sein de sa mère, et naître de nouveau ? », et Jésus lui répond : « En vérité, en vérité, je te le dis, si quelqu'un ne naît pas de l'eau et de l'Esprit, il ne peut pas entrer dans le royaume de Dieu. Car ce qui est né de la chair est chair, et ce qui est né de l'Esprit est esprit. Ne t'étonne pas de ce que je t'ai dit : il faut que vous naissiez de nouveau. » Jésus met bien l'accent sur le fait qu'il existe une nouvelle naissance totalement différente de la première, qui était une naissance charnelle. Ainsi, lors de la première naissance, nous avons revêtu la chair. Lors de la seconde naissance, nous sommes revêtus de l'Esprit. Or, comme le déclare saint Jean: « C'est l'Esprit qui fait vivre, la chair n'est capable de rien » (Jn 6, 63). Saint Justin, lui, vers l'an 150 après Jésus-Christ, nous explique que nous avons reçu la première naissance sans le savoir, par les lois nécessaires, par suite de l'union de nos parents, et que nous sommes venus au monde avec des habitudes vicieuses et des mœurs mauvaises[1]... Cela rejoint le passage de la Genèse que je citais plus haut (Gn 6, 5) et correspond à notre nature humaine après la faute, avant notre seconde naissance. Après sa résurrection, Jésus envoie ses disciples en leur disant: « Allez, faites de toutes les nations des disciples, les baptisant au nom du Père, du Fils et du Saint-Esprit » (Mt 28, 19). Par ces paroles, il institue réellement le baptême tout en établissant un lien clair entre ce dernier et sa résurrection et en affirmant avec force le Dieu trinitaire.

Alors, que se passe-t-il concrètement au cours du baptême? Le processus qui se joue à ce moment-là revêt la même signification que ce qui s'est passé à la croix. Saint Paul nous le décrit dans sa lettre aux Romains (Rm 6, 3-6): « Ignorez-vous que nous tous qui avons été baptisés en Jésus Christ, c'est en sa mort que nous avons été baptisés? Nous avons donc été ensevelis avec lui par le baptême en sa mort, afin que, comme Christ est ressuscité des morts par la

1. Saint Justin, *Première apologie*, LXI, IIe siècle après Jésus-Christ.

gloire du Père, de même nous aussi nous marchions en nouveauté de vie. [...] Notre vieil homme a été crucifié avec lui, afin que le corps du péché fût détruit, pour que nous ne soyons plus esclaves du péché. » Ainsi, au moment du baptême, notre vieil homme, c'est-à-dire notre ancienne nature humaine, notre ancien moi humain, celui qui vient d'Adam et qui est lié à son péché, meurt sur la croix avec Jésus. Et de même que Jésus est ressuscité, Dieu fait que nous ressuscitions nous aussi par l'action de l'Esprit saint. Nous devenons à ce moment précis un homme nouveau doté d'une nature humaine nouvelle, nature mystérieusement engendrée « d'en haut » au moment de la résurrection du Christ. Nous participons alors, par filiation divine, au Fils, au Verbe éternel de Dieu. Saint Paul affirme : « Vous tous que le baptême a unis au Christ, vous avez revêtu le Christ » (Ga 3, 27). Et revêtir le Christ, c'est revêtir Dieu ! Et ce n'est pas parce que nous ne le vivons pas consciemment que ce n'est pas une réalité ! Cela se produit effectivement ! Car Jésus, qui est le Verbe, qui est Dieu, a assumé par son Incarnation toutes les dimensions de notre humanité. Et de même qu'il portait en lui toute notre humanité au moment où il est mort sur la croix, c'est également pourvu de toute notre humanité qu'il est ressuscité. C'est ainsi qu'il a véritablement assuré notre salut ! Tout ce processus constitue un véritable mystère divin : c'est la « nouvelle création » dont parle saint Paul (Ga 6, 15), la « seconde naissance » dont Jésus parlait à Nicodème. « Naître d'en haut », c'est naître du Christ par l'Esprit saint. Ceci est donné à tous ceux qui croient et qui confessent que le Christ est mort et ressuscité, par l'acte du baptême, ce « bain d'eau en lequel "la semence incorruptible" de la Parole de Dieu produit son effet vivificateur[1] ».

Il est intéressant de lire ce qu'écrivait saint Irénée, au IIe siècle après Jésus-Christ, à propos des Ébionites, un groupe religieux judéo-chrétien, qui ne croyaient pas en la virginité de la Vierge Marie : « Ils demeurent dans le vieux levain de leur naissance. Ils ne veulent pas comprendre que l'Esprit saint est survenu en Marie et que la puissance du Très-Haut l'a couverte de son ombre, à cause de quoi ce qui est né d'elle est saint et est le Fils du Dieu Très Haut, le Père de toutes choses ayant opéré l'Incarnation de son Fils et ayant fait apparaître ainsi une naissance nouvelle, afin que, comme nous avions hérité de la mort par la naissance antérieure, nous héritions de la vie par cette naissance-ci[2]. » Nous aussi, nous sommes un peu comme les Ébionites ! Nous avons du mal à croire ce que Dieu a réalisé pour nous par l'Incarnation, et surtout par la mort et la résurrection de son Fils Jésus-Christ. Nous avons du mal à comprendre cette nouvelle naissance dont nous sommes revêtus au moment du baptême, non pas à la comprendre avec

---

1. CEC, II, Le baptême dans l'économie du salut, 1228.
2. Irénée de Lyon, *Contre les hérésies*, livre V, Première Partie, 1, La résurrection de la chair postulée par l'Incarnation, IIe siècle après Jésus-Christ.

notre tête mais à la comprendre dans le sens de la prendre pour nous, d'en vivre réellement ! Essayons vraiment de prendre conscience de cela : par la mort et la résurrection de Jésus, par notre foi et notre baptême, Dieu dépose en nous un « corps » nouveau, « l'homme intérieur » pour reprendre les mots de saint Paul (Rm 7, 22), doté de capacités divines, bien supérieures à celles du vieil homme. Comment pourrions-nous alors continuer à vivre comme tout un chacun, comme vivent aujourd'hui la majorité des êtres humains ? Nous sommes appelés à vivre autre chose ! Il nous faut diviniser toutes nos vertus morales ; il nous faut diviniser notre vie au quotidien ! Car cet homme nouveau que nous devenons au moment de notre baptême, cette nouvelle personnalité que nous recevons, c'est notre vraie identité devant Dieu, c'est notre moi véritable ! Afin de vivre réellement notre condition de nouvel homme et de prendre conscience que nous sommes enfants de Dieu, il est important de méditer profondément tout cela, de penser à ce que le baptême nous a apporté, si nous avons été baptisés. Quand nous entrons dans une église, par exemple, et que nous nous apprêtons à faire le signe de croix avec l'eau bénite, faisons-le lentement et remettons-nous dans les conditions concrètes de notre baptême. Beaucoup étaient tout petits quand ils l'ont reçu et ne s'en souviennent pas mais nous pouvons tout de même essayer de l'imaginer et de prendre conscience de ce qu'il nous a apporté.

Prière :

Ô Esprit saint,
Fais-moi vivre toujours davantage mon baptême,
Cette nouvelle naissance,
Cette nouvelle nature humaine que j'ai en plus.
Amen.

La plus grande miséricorde divine

« Béni soit Dieu, le Père de notre Seigneur Jésus-Christ, qui, selon sa grande miséricorde, nous a régénérés, pour une espérance vivante, par la résurrection de Jésus-Christ d'entre les morts. »
(1 P 1, 3)

« Mais Dieu, qui est riche en miséricorde, à cause du grand amour dont il nous a aimés, nous qui étions morts par nos offenses, nous a rendus à la vie avec Christ (c'est par grâce que vous êtes sauvés) ; il nous a ressuscités ensemble, et nous a fait asseoir ensemble dans les lieux célestes, en Jésus-Christ, afin de montrer dans les siècles à venir l'infinie richesse de sa grâce par sa bonté envers nous en Jésus-Christ. »
(Ep 2, 4-7)

À présent, dis-moi quelle est, selon toi, la plus grande miséricorde divine. Quel est le plus grand cadeau que Dieu nous fait ? À cette question, je constate que de nombreux catholiques répondent qu'il s'agit du pardon des péchés. Certes, cela est très important ; le pardon de Dieu est extraordinaire et nous permet de vivre la miséricorde divine au moment de la confession. Cependant, dans l'Ancien Testament, Dieu pardonnait déjà les péchés. Par conséquent, si la miséricorde divine du Nouveau Testament ne faisait que reproduire celle qui existait déjà dans l'Ancien Testament, où serait la nouveauté ? Où serait la Bonne Nouvelle ? Si tu lis attentivement ce que nous dit saint Paul à ce sujet dans ce passage de la lettre aux Éphésiens que je viens de citer (voir ci-dessus), tu peux t'apercevoir qu'il évoque lui aussi tout d'abord le pardon des péchés qui nous rend à la vie. Mais il ne s'arrête pas là. Saint Paul, en tant que juif, connaît les Écritures saintes et sait que Dieu a toujours fait miséricorde au peuple hébreu en lui pardonnant ses péchés. Selon lui, la miséricorde divine va beaucoup plus loin ! Dieu ne nous rend pas simplement la vie, nous laissant tels que nous étions auparavant : Dieu nous « ressuscite » et nous « fait asseoir ensemble dans les lieux célestes » ! Par la résurrection de Jésus, nous sommes devenus membres à part entière de la famille trinitaire, nous sommes devenus enfants de Dieu ! Voilà quelle est, pour moi, la plus grande miséricorde divine ! Je comprends qu'on puisse penser qu'il s'agit de la confession et du pardon des péchés. Cependant, le projet de Dieu, formé avant la fondation du monde, n'a pas pour finalité que nos péchés soient pardonnés mais que nous soyons ses fils adoptifs. C'est pourquoi notre objectif à nous aussi, à chaque instant, devrait être de vivre véritablement cette dimension d'enfant de Dieu et cela va nous mener au-delà d'une simple pratique morale ou religieuse, au-delà d'une simple pratique des rituels, au-delà de ce que l'on appelle « être catholique pratiquant » !

On dit de saint Séraphim de Sarov (1759-1833) qu'après avoir passé beaucoup d'années en ermite dans les bois, sans prononcer une seule parole, même au frère qui lui apportait à manger, le Seigneur décida de l'envoyer vers les hommes. Et tandis qu'il voyait de plus en plus de personnes venir à son monastère, il s'écria avec un grand élan : « Ma joie : Christ est ressuscité ! » Et cette simple phrase prononcée par lui permettait aux personnes de pouvoir changer leur cœur. Nous aussi, nous pourrions nous approprier ces paroles de saint Séraphim et essayer de les vivre toujours un peu plus, chaque jour, dans notre quotidien. Oui, la véritable joie du chrétien, c'est que le Christ soit ressuscité car s'il n'y avait pas eu la résurrection, il ne resterait rien aujourd'hui de l'histoire de Jésus, il n'y aurait ni Église ni chrétiens ! Comme le dit très bien saint Paul : « Si le Christ n'est pas ressuscité, mon message est faux, votre foi est vaine » (1 Co 15, 14). Rien que cela devrait déjà nous remplir d'une joie extraordinaire : si nous vivons, si nous existons en tant que chrétiens, c'est parce que le Christ est ressuscité ! J'aimerais tant que les évêques, les prêtres et les diacres commencent leur homélie dominicale par proclamer que le Christ est vraiment ressuscité ! Oui, car il est ressuscité un dimanche, le dimanche de Pâques, et si les chrétiens continuent à se réunir chaque dimanche, c'est bien pour proclamer la résurrection du Christ, même si, au cours de la messe, ils proclament aussi sa mort. De même, après la messe, quand le prêtre salue ses fidèles en leur disant : « Bon dimanche ! », c'est aussi son rôle de proclamer aussitôt que le Christ est ressuscité et que nous sommes enfants de Dieu, afin que nous vivions cette réalité tout au long de la semaine. Certes, cela n'enlève pas les soucis, les problèmes, les souffrances... Même le Christ est ressuscité avec les traces de la crucifixion, puisque ses disciples ont vu ses plaies, et l'Église souffre aussi sur la terre. Néanmoins, je crois vraiment qu'il revient aux prêtres d'annoncer et de nous faire prendre conscience, chaque dimanche, que nous sommes véritablement des enfants de Dieu !

Prière :

Ô toi, la Divine Miséricorde,
Ô toi, le Miséricordieux !
Donne-moi cette grâce de vivre,
de contempler, d'adorer,
cette miséricorde qui n'est autre que toi-même !
Ainsi je pourrai ressentir toujours davantage
ce besoin vital que j'ai de toi pour
pouvoir être moi-même.
Amen.

« Aujourd'hui vous est né un Sauveur ! »

« L'ange leur dit : "Ne craignez point ; car je vous annonce une bonne nouvelle, qui sera pour tout le peuple le sujet d'une grande joie : c'est qu'aujourd'hui, dans la ville de David, vous est né un Sauveur, qui est le Christ, le Seigneur." »
(Lc 2, 10-11)

Oui, aujourd'hui, pour moi, est né un Sauveur ! C'est ce que je ressens profondément au regard de tout ce que je viens de te dire et dont le Seigneur m'a fait prendre conscience à travers ma conversion. Vivre cet « aujourd'hui » chaque jour, vivre Noël ! Quelle joie ! « Aujourd'hui vous est né un Sauveur », c'est par ces mots que l'Ange du Seigneur a annoncé aux bergers la naissance de Jésus. Tu vois bien que l'intention de Dieu est de rejoindre notre humanité. Il n'est pas venu la dévaluer, la dénigrer, l'annihiler ! Il est venu la « sauver », c'est-à-dire lui donner une tout autre dimension que celle dans laquelle elle se trouvait. Ces mots s'adressent à chacun d'entre nous aujourd'hui. Oui, chacun d'entre nous peut dire : « Dieu a pris mon humanité afin de me sauver. » Car c'est la vérité ! Et il s'agit véritablement d'une bonne nouvelle, d'« une grande joie pour tout le peuple », selon les mots de l'Ange ! Or, comment le vivons-nous vraiment ? Honnêtement, sommes-nous réellement dans la joie ? Prenons-nous conscience que Dieu est venu pour chacun de nous, pour toute notre personne ? Oui, Jésus s'est incarné pour tout notre être ! Il ne l'a pas fait uniquement pour notre dimension spirituelle, pour nouer une relation conceptuelle avec nous. Alors, pourquoi et comment ne pas associer toute notre humanité à cette réalité divine ? Comment ne pas y associer notre corps, nos sens, nos relations humaines, notre quotidien ? Jésus est venu tout sauver en nous, tout diviniser ! C'est avec toute notre dimension humaine que nous devenons enfants de Dieu.

En 1998, au cours de la messe de minuit, le bienheureux pape Jean-Paul II a dit : « Tout ce qui sert à élever l'existence humaine, ce qui la rend meilleure, n'arrive pas à la plénitude du bien auquel tend l'être humain. C'est pourquoi les mots de "Un Sauveur vous est né" continuent à toucher ce qui est dans l'homme, permanent et réel, ce qui est profondément vrai en lui. » Oui, chaque année ces paroles sont attendues dans notre humanité avec la même soif, les mêmes motivations fondamentales, même si bien souvent nous n'en sommes pas conscients (le problème est bien là !). En 2007, le pape Benoît XVI a déclaré : « Dans l'Enfant de Bethléem, chaque homme découvre qu'il est gratuitement aimé par Dieu ; dans la lumière de Noël, se manifeste à chacun de nous la bonté infinie de Dieu. En Jésus, le Père céleste a inauguré une nouvelle relation avec nous ; il nous a rendus "fils dans le même Fils". [...] À Noël, retentit dans le monde entier cette annonce simple et bouleversante : "Dieu nous aime"... »

Prières :

Ô mon Père,
Toi qui m'aimes,
Même si je ne le ressens pas,
Même si je suis rempli de clichés hérités de ma relation personnelle avec mon père de chair,
Je te supplie, par la prière de ton Fils Jésus,
Qui est mon Dieu, mon Sauveur et mon grand frère,
De me donner la grâce d'être conscient de ce que vous, Père, Fils et Saint-Esprit, avez fait pour moi,
Et qui me permet d'être aujourd'hui, réellement et concrètement, enfant de Dieu,
Et, par là même, d'être véritablement moi-même,
Totalement libre en toi.

Ô Jésus,
Que ton amour et ta tendresse pour moi
Me mettent toujours plus en joie,
Joie de vivre cette relation filiale que tu me donnes toujours plus chaque jour.
Oui, ceci est toute ma joie !

Ô Esprit saint,
Viens agir en moi
Afin que cette nouvelle naissance puisse imprégner toute ma personne, toute mon humanité, toute ma culture et toute mon éducation,
Pour que je sois unifié en toi et par toi pour la gloire du Père,
en Jésus le Christ, mon Dieu et mon Sauveur.

Ce que je te demande, ô Dieu Trinité, je te
le demande par les grâces et les mérites
de la Sainte Vierge, ma mère et la mère de Jésus.
Car je sais, ô Vierge Marie, que tu
n'attends qu'une chose :
Que je vienne vers toi pour te demander des grâces !
Alors je te le demande, Vierge Marie,
Toi qui es pleine de grâce,
Prie pour moi
Dans ce que j'ai demandé au Père,
Dans ce que j'ai demandé à Jésus,
Dans ce que j'ai demandé à l'Esprit saint.
Amen.

2

Le vieil homme et l'homme nouveau

« S'il faut se glorifier, c'est de ma faiblesse que je me glorifierai ! »
(2 Co 11, 30)

Parmi les choses que ma conversion m'a apportées, il y a aussi ces deux notions essentielles qui n'existent que dans le christianisme et qui nous sont enseignées par saint Paul (qui a été lui-même enseigné directement par Jésus dans sa gloire !) : celles du vieil homme né de la chair et du nouvel homme né de Dieu. J'ai compris également que je pouvais faire l'expérience de Dieu à travers mes blessures et mes imperfections. Depuis, comme saint Paul, je peux m'enorgueillir de mes faiblesses ! Ces découvertes me permettent de prendre conscience de quoi je suis fait et de parvenir, par la grâce du Christ, à être véritablement moi-même...

Pourquoi sommes-nous encore pécheurs ?

Saint Jean, dans sa première lettre, affirme que celui qui dit qu'il ne pèche pas est un menteur : « Si nous disons : Nous n'avons pas de péché, nous nous abusons, la vérité n'est pas en nous » (1 Jn 1, 8). Or, un peu plus loin, il déclare également que « quiconque est né de Dieu ne commet pas le péché » (1 Jn 3, 9) ! Comment est-ce possible ? Saint Jean se contredirait-il ? Nous-mêmes, nous savons bien que nous sommes tous pécheurs... Alors, comment se fait-il que, malgré notre baptême, par lequel nous sommes « nés de Dieu », nous péchions encore ? C'est parce que le baptême n'a pas tout enlevé de la conséquence du péché ! Il demeure en nous des traces du vieil homme... Le *Catéchisme de l'Église catholique* nous dit : « Dans le baptisé, certaines conséquences temporelles du péché demeurent cependant, telles les souffrances, la maladie, la mort, ou les fragilités inhérentes à la vie comme les faiblesses de caractère, etc., ainsi qu'une inclination au péché que la Tradition appelle la *concupiscence*, ou, métaphoriquement, "le foyer du péché" (*fomes peccati*)[1]. » Ainsi, la nature humaine dont nous avons hérité de nos parents au moment de notre naissance charnelle, celle qui correspond à la nature de l'homme après la faute et que saint Paul appelle notre « vieil homme », est toujours là. Mais nous n'avons pas que cela ! Nous avons

1. CEC, VII, La grâce du baptême, 1264.

également, en nous, notre nature humaine divinisée, cette nature surnaturelle que nous avons reçue de Dieu par le baptême et que saint Paul nomme le « nouvel homme ». Dès lors, le vrai combat auquel nous sommes confrontés ne se situe plus entre l'âme et le corps ou encore entre un penchant vers le bien et un autre vers le mal, qui constituent des conflits simplement humains et sont les conséquences de notre naissance charnelle. Non, le vrai combat oppose à présent notre nature d'enfant de Dieu, ce nouvel homme qui est en nous et qui est appelé à se diviniser toujours davantage, et notre vieil homme. Et tout au long de notre vie terrestre, nous allons lutter afin de laisser mourir toujours davantage notre vieil homme et nous laisser revêtir chaque jour un peu plus du Christ ressuscité, c'est-à-dire de l'homme nouveau (voir page 43). Car la transformation qui a eu lieu au moment de notre baptême est un processus tout en continuité et en mouvement, parce que Dieu est infini et que la relation d'amour est infinie ; ce qui a été déposé en nous, c'est un germe, c'est une graine qui doit grandir et fleurir, par la grâce sanctifiante, et qui a besoin pour cela d'être constamment nourrie, entretenue, arrosée… Comme le déclare saint Paul : « En nous tous qui, le visage découvert, reflétons comme un miroir la gloire du Seigneur, nous sommes transformés en cette même image, toujours plus glorieuse, comme il convient à l'action du Seigneur qui est l'Esprit » (2 Co 3, 18) !

Saint Paul nous dit également : « Vous êtes morts avec le Christ, et votre vie reste cachée avec lui en Dieu » (Col 3, 3). Oui, notre vraie vie, celle d'enfant de Dieu, reste cachée, elle n'est pas dévoilée, elle n'est pas encore tout en gloire ! Ce n'est pas une réalité que nous pouvons ressentir ou éprouver par nos sens. Mais, saint Paul nous dit ensuite : « Quand paraîtra le Christ, votre vie, alors vous aussi, vous paraîtrez avec lui en pleine gloire » (Col 3, 4). Notre nature humaine divinisée, celle que nous sommes réellement, se dévoilera alors « au jour de notre fête » (Ps 81, 4) ! Pour l'instant, cette réalité, nous la vivons dans notre foi, elle est cachée en Christ mais Jésus a dit : « le royaume de Dieu est au milieu de vous » (Lc 17, 21). Il faut que nous en soyons conscients et que nous tâchions autant que possible, dans la grâce du Christ, de le vivre concrètement dans notre quotidien, jour après jour. Car si nous occultons cette nouvelle naissance, cette nature humaine divinisée par filiation, nous ne pourrons jamais être nous-mêmes. Oui, cette plénitude d'enfant de Dieu, nous la vivrons lorsque notre âme sortira de notre corps (en vérité, nous la vivrons davantage encore au moment de la résurrection de la chair car l'âme demandera toujours à revenir dans le corps) ; cependant, déjà ici-bas, nous pouvons vivre de cette vie éternelle d'enfant de Dieu, à travers la foi. Nous sommes comme à l'aurore : la nuit est partie, le salut de Jésus s'est déjà accompli et l'Esprit de Dieu nous a été donné car nous sommes enfants de Dieu.

Prière :

Ô mon Dieu, Père, Fils et Esprit saint,
Donne-moi cette grâce de m'accueillir tel que je suis
Avec mon vieil homme,
Mes blessures, mes souffrances, mes défauts,
Et mon nouvel homme,
Afin d'être toujours moi-même
Et de voir, contempler et adorer ta puissance en moi,
Tout ce que tu peux faire en moi
Pour la gloire du Père, en l'Esprit saint.
Amen.

Le vrai combat[1]

Le combat spirituel, dont nous parle notamment saint Jean dans sa première lettre, se livre sur trois plans : la chair, le monde et le démon. Cependant, saint Paul, dans son épître aux Romains, décrit ce qui, pour lui et pour le chrétien en général, constitue le véritable combat : « Je me complais dans la loi de Dieu du point de vue de l'homme intérieur ; mais j'aperçois une autre loi dans mes membres, qui lutte contre la loi de ma raison et m'entraîne à la loi du péché qui est dans mes membres » (Rm 7, 22-23). Ainsi, comme nous l'avons souligné plus haut, le fait que nous ayons revêtu notre dimension d'homme nouveau ne signifie pas que nous ne péchions plus. En effet, il demeure,

1. Ce thème du combat que j'aborde ici en quelques lignes sera développé plus largement dans un autre ouvrage.

en chaque chrétien, un combat qui oppose l'homme nouveau (l'« homme intérieur » dont parle saint Paul, celui qui se « complaît dans la loi de Dieu ») et le vieil homme, qui est cette autre loi qui nous « enchaîne à la loi du péché ». D'ailleurs, si saint Paul utilise le verbe « enchaîner », ce n'est pas anodin. En effet, lorsque nous sommes enchaînés, nous le sommes malgré nous, cela va à l'encontre de notre volonté ; or, si nous n'avons pas envie d'être enchaînés à la loi du péché, c'est bien que cette dernière ne correspond pas à ce que nous sommes véritablement ! Nous ne sommes pas le vieil homme, mais pourtant, ce dernier continue à agir en nous et à persécuter l'homme nouveau, avec ses convoitises, ses désirs, ses blessures, ses péchés et ses anciennes habitudes. Or, persécuter l'homme nouveau revient finalement à persécuter le Christ. Et c'est cela le véritable combat ! D'ailleurs, ce que l'on appelle, ici-bas, l'Église militante, correspond, au niveau du microcosme, au combat qui oppose le vieil homme et le nouvel homme. En proie à ce véritable conflit intérieur, saint Paul s'exclame : « Malheureux homme que je suis, qui me délivrera de ce corps qui me voue à la mort ? » (Rm 7, 24). Oui, qui ? Sommes-nous livrés à la tyrannie du vieil homme ? Heureusement, non, par la grâce de Dieu, par la grâce du Christ !

Nous ne sommes pas livrés à la tyrannie du vieil homme !

Saint Paul comprend, grâce à sa nouvelle foi en Jésus crucifié et ressuscité (je dis bien « nouvelle »), que Dieu ne l'abandonne pas à son vieil homme. Nous non plus, Dieu ne nous abandonne pas aux vices, aux habitudes et aux blessures de notre vieil homme qui nous entraînent dans le péché. Car, par Jésus-Christ, Dieu nous a donné un secours ! Par Jésus-Christ et par son corps qui est ressuscité, qui a vaincu la mort et le péché, qui a aboli la loi de ce vieil homme, Dieu nous a sauvés ! C'est ainsi qu'a été engendré l'homme nouveau « selon Dieu dans une justice et une sainteté que produit la vérité », nous dit saint Paul (Ep 4, 20-24). Pourquoi dans la justice ? Parce que c'est selon la justice divine que le Christ devait mourir et ressusciter. Il l'avait d'ailleurs lui-même annoncé : « Dès lors Jésus commença à faire connaître à ses disciples qu'il fallait qu'il allât à Jérusalem, qu'il souffrît beaucoup de la part des anciens, des principaux sacrificateurs et des scribes, qu'il fût mis à mort, et qu'il ressuscitât le troisième jour » (Mt 16, 21). C'est selon la justice divine que le corps de Jésus est mort réellement, totalement, car c'est par la résurrection de son corps que le vieil homme et sa loi, et que la mort elle-même, devaient être vaincus.

Dans l'épître aux Romains, saint Paul affirme : « Le péché ne dominera pas sur vous : vous n'êtes pas sous la Loi, mais sous la grâce » (Rm 6, 14). Tout est écrit dans ce verset ! Voici donc notre nouvelle nature humaine, dont il nous faut absolument prendre conscience : par notre baptême, nous ne sommes plus asservis au péché tel que l'homme l'était après la faute et avant l'Incarnation de Dieu, nous ne sommes plus sous la domination du démon. Si nous vivons ou croyons le contraire, cela vient de notre imagination car le démon nous attaque à travers elle. Mais c'est un mensonge ! Nous pouvons réellement, par la grâce du Christ, par ce que nous apporte l'homme nouveau en nous, ne plus être sous la domination de nos tendances, de nos vices et de nos instincts même si nous risquons par moments de trébucher encore. Voilà la nouveauté de ce que j'ai pu comprendre depuis ma conversion, et que saint Paul lui-même avait compris après s'être converti. L'Esprit de Dieu demeure en nous en germe, c'est-à-dire pas encore en plénitude mais de plus en plus. Saint Paul affirme également : « Il n'y a donc, maintenant, plus aucune condamnation pour ceux qui sont dans le Christ Jésus » (Rm 8, 1). C'est très fort ! Saint Jean, lui, dans sa première lettre, nous dit que « tout ce qui est né de Dieu est vainqueur du monde » (1 Jn, 5, 4). Nous qui sommes baptisés, qui sommes nés de Dieu, nous sommes vainqueurs du monde ! Et pas seulement du monde extérieur, physique, mais aussi du monde supérieur, spirituel et surtout du monde intérieur, de notre propre monde à nous, avec tous les combats que nous pouvons avoir. Pourquoi ? Parce que Jésus a déjà vaincu le monde et que nous, nous avons revêtu le Christ. C'est ce qui nous permet d'être nous-mêmes. Oui, nous avons déjà la victoire même si nous sommes toujours en guerre… C'est un peu comme en 1944, lors du fameux Jour J, quand les Alliés ont débarqué sur les côtes normandes : grâce au succès de cette opération, on aurait déjà pu dire que la guerre était gagnée, même si elle a continué encore plus d'une année… Notre débarquement, c'est l'Incarnation du Christ, sa Passion, sa Croix. Le Christ est venu, il s'est incarné le Jour J, quand les temps étaient accomplis. À partir de cet instant, nous pouvons affirmer que nous sommes déjà vainqueurs, même si la lutte se poursuit jusqu'au moment du retour du Christ dans la gloire et de la résurrection de la chair.

Le *Catéchisme de l'Église catholique* nous dit : « La Très Sainte Trinité donne au baptisé la grâce sanctifiante, la grâce de la justification qui le rend capable de croire en Dieu, d'espérer en Lui et de L'aimer par les vertus théologales ; lui donne de pouvoir vivre et agir sous la motion de l'Esprit saint par les dons du Saint-Esprit ; lui permet de croître dans le bien par les vertus morales. Ainsi, tout l'organisme de la vie surnaturelle du chrétien a sa racine dans le saint baptême[1]. » Puisqu'il n'est plus sous la domination du péché, l'homme nouveau qui est en nous se conduit selon la Loi de l'Esprit, c'est-à-dire selon la Loi de Jésus. Tu vois bien que la sainteté, la vérité, le comportement que nous devrions avoir ne relèvent plus seulement de l'ordre des vertus ou de la morale mais avant tout

1. CEC, VII, La grâce du baptême, 1266.

de quelque chose de surnaturel qui est notre nouvelle nature humaine. C'est elle qui, nourrie par la grâce, va nourrir nos vertus. Ce n'est pas l'inverse ! C'est elle qui va faire face au vieil homme, à ses habitudes et à ses vices. Par conséquent, pour ne plus être soumis à la « tyrannie » ou à la « méchanceté » du vieil homme, la première chose que nous devons faire absolument (et, selon moi, la première guérison à laquelle nous devons aspirer), c'est prendre conscience que nous ne sommes pas seulement notre vieil homme. Nous ne sommes pas que nos défauts ni que nos blessures. Bien sûr, nous vivons avec mais nous ne sommes pas que cela. Nous ne sommes pas non plus les qualités positives de notre vieil homme. Nous sommes des créatures nouvelles, nous avons revêtu le Christ, le nouvel homme, pour vivre de lui. Et non seulement de lui mais aussi en lui, en attendant de sortir de ce corps ancien pour habiter définitivement dans le royaume de Dieu. Et si nous croyons le contraire, si nous vivons le contraire, c'est justement parce que nous nous focalisons trop sur notre vieil homme, sur nos blessures, sur nos qualités et nos défauts humains, sur la façon dont il convient de se comporter, sur la morale telle que nous l'entendons (et qui est mal comprise), faite de permissions et d'interdits, et que nous ne vivons pas assez concrètement notre dimension d'enfant de Dieu. Nous vivons avec cette croyance que les comportements et les habitudes que nous avons reçus de notre culture et de notre éducation de « vieil homme » sont tellement ancrés en nous que nous ne pouvons pas lutter contre eux. J'entends souvent autour de moi : « Oui, mais cela fait des années que je me comporte comme cela… », « Oui, mais ce n'est pas évident de me défaire de cette mauvaise habitude, j'ai été éduqué(e) comme cela… », etc. Or, c'est vrai et faux à la fois. C'est vrai si l'on se situe du point de vue de notre naissance humaine charnelle, et cela peut en effet prendre du temps. Mais, c'est faux dans le sens où, je le répète, nous ne sommes pas que cela. Et pourtant, certains d'entre nous, chrétiens, continuent à parler et à vivre ainsi. Nous nous comportons comme si nous n'avions qu'une seule naissance, celle du vieil homme. Nous parlons de foi, d'espérance, de charité, nous essayons de vivre le Christ, de travailler sur nous-mêmes par sa grâce, nous allons recevoir la Sainte Eucharistie, mais toujours avec notre ancienne condition de vieil homme, avec cette fausse croyance que nous ne sommes que cela. Nous ne prenons pas conscience de la puissance surnaturelle du baptême, de ce qu'il a opéré en nous et, par conséquent, de ce qui constitue la finalité même de l'Incarnation, de la souffrance du Christ, de sa mort sur la croix et de sa résurrection. Et je trouve cela très grave ! Car nous nous disons chrétiens, de la même manière que d'autres se disent juifs ou musulmans, tout en occultant totalement ce à quoi nous sommes justement appelés en tant que chrétiens, en ignorant complètement les fruits de la passion du Christ, de sa croix et de sa résurrection dans nos vies. Nous avons perdu, selon moi, ce qu'avaient reçu les premiers chrétiens, c'est-à-dire le sens concret, réel de l'Incarnation du Christ qui est de nous donner une nouvelle naissance et une nouvelle vie afin de transformer notre être.

Une vie nouvelle

Voici quelques références (mais il y en a d'autres) que je te propose de méditer afin de prendre conscience de ce à quoi nous sommes appelés réellement et concrètement. Tu verras que nous ne sommes pas appelés à vivre simplement une vie morale humaine ou à pratiquer une religion… Nous sommes appelés à vivre une vie nouvelle !

« Si, par le baptême dans sa mort, nous avons été mis au tombeau avec lui, c'est pour que nous menions une vie nouvelle, nous aussi, de même que le Christ, par la toute-puissance du Père, est ressuscité d'entre les morts » (Rm 6, 4).

« Si quelqu'un est en Christ, il est une nouvelle créature. Les choses anciennes sont passées ; voici, toutes choses sont devenues nouvelles » (2 Co 5, 17).

« Car ce n'est rien que d'être circoncis ou incirconcis ; ce qui est quelque chose, c'est d'être une nouvelle créature » (Ga 6, 15).

Prière :

Ô Christ Jésus,
Par toi, en toi et pour toi,
Donne-moi cette grâce de prendre
conscience de ce que je suis réellement
Et non pas de ce que je crois être !
Ainsi, je pourrai m'écrier tout comme cette personne,
dans le Cantique des Cantiques, qui s'exclame :
« Je suis noire mais je suis belle ! » (Ct 1, 5).
Oh oui, Jésus, permets-moi de prendre
conscience de ma beauté,
Celle d'enfant de Dieu !
Amen.

Aimer notre vieil homme

Ce que je désire développer à présent risque de te sembler en contradiction avec ce que j'ai dit plus haut. Pourtant, pour moi, ça ne l'est pas. La pensée occidentale, très influencée par la philosophie de Descartes, a tendance à vouloir tout compartimenter, à dire : c'est soit comme ceci, soit autrement[1]. Or, selon moi, ce

1. Je pense qu'il est indispensable que les catholiques occidentaux prennent conscience de cette tendance qu'ils ont et qui provient de leur culture, à vouloir absolument tout compartimenter, à tout faire entrer dans des cases. Ce qui n'y entre pas est rejeté d'emblée, y compris la pensée d'autrui. Acceptons d'écouter et d'accueillir l'autre dans sa différence d'approche, dans la mesure où celle-ci ne s'oppose pas au magistère de l'Église. Prenons garde de ne pas devenir de véritables dictateurs spirituels ou intellectuels ! Cela n'est pas, selon moi, un comportement d'enfant de Dieu.

n'est pas ça « ou » ça mais c'est ça « et » ça. Ainsi, ce que je souhaite souligner maintenant, c'est la nécessité de nous accueillir tels que nous sommes, y compris face au regard des autres. Il nous faut aimer ce que j'appelle nos « invalidités ». Elles font partie de notre nature, de notre naissance charnelle et même si nous sommes à présent réellement des hommes nouveaux, elles sont toujours là. Évidemment, ce que je dis là, de nous aimer à travers nos défauts, va à l'encontre de la conception dominante aujourd'hui dans notre société qui prône la perfection. Il est plutôt d'usage de se glorifier de ses qualités, de ses réussites amoureuses, professionnelles, sportives, spirituelles même. Mais pas de ses faiblesses ! Même en tant que catholiques, nous avons tendance à penser que la puissance de Dieu ne peut habiter, en l'homme, que dans les qualités, dans la pureté, dans une certaine perfection. Pas dans nos faiblesses, pas dans nos chutes ! Mais nous, chrétiens, nous ne sommes pas de ce monde. Jésus nous l'a dit : « Vous êtes dans le monde mais vous n'êtes pas du monde » (Jn 17, 14-18) ! Par conséquent, ne réfléchissons pas comme le monde et laissons-nous enseigner par Jésus et par les Évangiles. Jésus a aimé notre vieil homme, c'est pour lui qu'il est venu. Il a dit : « Ce ne sont pas les gens bien portants qui ont besoin du médecin, mais les malades. Je suis venu appeler non pas les justes, mais les pécheurs » (Mc 2, 17). Il a mangé chez Matthieu le collecteur d'impôts, il a aimé d'un amour divin Marie-Madeleine et la Samaritaine avec leurs blessures Il nous a aimés dans notre condition de pécheurs à tel point qu'il s'est livré pour nous ! C'est pour cela que je dis qu'il faut aimer notre vieil homme, nous accueillir tels que nous sommes afin de pouvoir nous présenter ainsi devant Jésus et nous remettre entièrement à lui et à sa divine miséricorde, surtout dans le sacrement de réconciliation. Il fera ce qu'il veut de nous. Évidemment, cela suppose d'être libre, libre du regard des autres et de notre propre regard... Mais saint Paul a dit: « Là où est l'Esprit du Seigneur, là il y a la liberté » (2 Co 3, 17).

Bien sûr, on est en droit de s'interroger: pourquoi Dieu a-t-il laissé en nous le vieil homme? Afin de nourrir cette réflexion, je t'invite à lire ce que disait saint Irénée à ce sujet [1]:

> L'Apôtre [saint Paul] montre fort clairement que l'homme a été livré à sa propre faiblesse de peur que, venant à s'enorgueillir, il ne s'écarte de la vérité. Il dit en effet dans la seconde épître aux Corinthiens: « Et pour que l'excellence de ces révélations ne m'enorgueillisse pas, il m'a été mis une écharde en la chair, un ange de Satan chargé de me souffleter. À son sujet, j'ai par trois fois imploré le Seigneur, pour qu'il s'éloigne de moi. Mais il m'a dit: Ma grâce te suffit, car ma puissance se déploie dans la faiblesse. Volontiers donc je me glorifierai surtout de mes faiblesses, afin qu'habite en moi la puissance du Christ. » Eh quoi! dira-t-on, le Seigneur voulait-il que son Apôtre fût souffleté de la sorte et supportât une telle faiblesse? Oui, dit l'Écriture, « car ma puissance se déploie dans la faiblesse », rendant meilleur celui-là qui, par le moyen de sa faiblesse, connaît la

1. Irénée de Lyon, *Contre les hérésies*, livre V, 2, *La Résurrection de la chair, œuvre de la puissance de Dieu*, IIe siècle après Jésus-Christ.

> puissance de Dieu. Comment, en effet, l'homme aurait-il appris que lui-même était faible et mortel par nature, tandis que Dieu était immortel et puissant, s'il n'avait reçu l'expérience de l'un et de l'autre ? Car apprendre sa faiblesse en la supportant n'était pas un mal pour l'homme ; c'était même plutôt un bien pour lui que de ne pas se méprendre sur sa nature. Par contre, s'élever contre Dieu et prétendre à une gloire propre, cela, en faisant de l'homme un ingrat, lui causait un grave préjudice, le dépossédant de la vérité en même temps que de son amour envers son Créateur. L'expérience de l'un et de l'autre a produit en lui la vraie connaissance de Dieu et de l'homme et a accru son amour pour Dieu. Or là où il y a accroissement d'amour, une gloire plus grande sera procurée par la puissance de Dieu à ceux qui l'aiment.

Saint Irénée nous invite ici à porter un autre regard sur le vieil homme. Il nous rappelle que le Seigneur n'a pas guéri saint Paul, malgré ses supplications… Je crois que nous devons prendre conscience que le Seigneur ne nous guérira pas de toutes nos blessures, de toutes nos tendances ou de toutes nos imperfections sur cette terre, même si nous le lui demandons, même si nous multiplions les retraites de guérison… Nous devons accueillir cela aussi afin de pouvoir être nous-mêmes. Nous devons accepter qu'être nous-mêmes dépend de Dieu et non pas de notre propre regard, du regard de l'autre ou de la société. Dieu seul sait ce dont nous avons besoin, c'est lui qui agit. Dieu seul juge, lui seul « sonde les reins et les cœurs » (Jr 11, 20), personne d'autre. Saint Irénée nous rappelle que la puissance de Dieu « se déploie dans la faiblesse» ! Voici encore quelque chose de totalement nouveau et spécifique au christianisme : c'est par le moyen de nos faiblesses que nous découvrons la puissance de Dieu ! Jusqu'à ma conversion, je connaissais la puissance de Dieu à travers les miracles et les prodiges dont regorge l'Écriture sainte. Découvrir que je pouvais l'expérimenter moi-même à travers mes propres faiblesses a été quelque chose de fabuleux ! Saint Irénée va très loin : pour lui, c'est l'expérience du vieil homme et de ses faiblesses qui permet et produit la vraie connaissance de soi et de Dieu, et cette connaissance a pour effet de faire grandir notre amour pour lui. Le père Marie-Eugène, dans son livre *Je veux voir Dieu*[1], explique que Dieu a répondu à saint Paul «ma grâce te suffit» afin que, d'une part, la miséricorde divine puisse agir et que, d'autre part, l'homme garde son humilité.

Saint François de Sales disait : «Ne pensez pas pouvoir vivre sans commettre des imperfections, d'autant que cela est impossible tandis que vous serez en cette vie. [...] Cela étant, demeurez-en paix et ne vous troublez point pour la perfection que vous désirez tant[2].» Attention, cela ne contredit en rien cette parole du Christ : « Soyez parfaits comme votre Père qui est dans les cieux est parfait » (Mt 5, 48). Encore une fois, ce n'est pas ça ou ça mais ça et ça ! Car nous avons en nous notre nouvel homme qui est parfait et qui ne commet pas le péché (et qui est

1. Marie-Eugène de l'Enfant-Jésus, *Je veux voir Dieu*, 1949.
2. Saint François de Sales, *Sermon pour le premier Dimanche de Carême*, 13 février 1622.

appelé à grandir) mais aussi notre vieil homme et il en sera ainsi jusqu'à la fin de notre vie terrestre. C'est pourquoi je crois qu'il est essentiel que nous arrêtions de nous focaliser sur ce que nous voudrions être et que nous ne serons jamais. Nous devons cesser d'être perfectionnistes, de nous mentir sur nous-mêmes, de vouloir plaire à tout prix, de demeurer dans le paraître afin d'être aimé et accepté par les autres... Cette tendance vient, selon moi, de notre société, de notre culture et de notre éducation, blessées par la conséquence du péché. Elle vient aussi de nos premiers parents, Adam et Ève, dont nous avons hérité le désir de devenir comme Dieu ! Mais tout ceci nous emprisonne et nous empêche d'être nous-mêmes. Tout ceci a un impact dans notre relation aux autres. Bien sûr, il ne s'agit pas d'étaler nos faiblesses sur la place publique mais il s'agit de les accepter, de les accueillir, d'offrir ces petites croix qui sont les nôtres afin de connaître et d'aimer Dieu toujours davantage en nous connaissant mieux nous-mêmes. Accueillir et accepter cette condition qui est la nôtre, ne pas être troublés par nos imperfections, nous permet de nous libérer du carcan du regard de l'autre et de la recherche de la perfection. Cela ne veut pas dire qu'il faille se complaire dans le vieil homme, non ! Mais il ne faut pas non plus l'accabler, le martyriser ou le flageller, et par conséquent, nous culpabiliser.

Encore une fois, celui qui nous permet de porter un autre regard sur nous-mêmes et sur nos blessures, c'est Jésus. Dans les Évangiles, nous voyons

Jésus s'adresser à la Samaritaine, à Marie-Madeleine ou à d'autres. Il leur fait prendre conscience de leurs péchés mais il ne les juge pas, il ne les accuse pas. Sommes-nous capables, nous chrétiens, de ne pas juger l'autre ? À l'encontre de notre éducation, de notre culture, de notre société, nous pouvons demander à Jésus cette grâce de pouvoir nous regarder comme lui nous regarde. Nous pouvons également apprendre à nous laisser regarder par lui, à nous laisser toucher par lui, à le laisser agir, au lieu de l'invoquer et de lui parler continuellement... Finalement, deux possibilités s'offrent à nous : ou nous refusons ce regard de Jésus sur nous et nous adoptons l'attitude d'Adam qui se cache parce qu'il ne veut pas se montrer dans sa nudité, ou nous décidons d'agir comme la Samaritaine qui se laisse regarder et toucher par Jésus, telle qu'elle est. Il revient à chacun et chacune de choisir...

Prière :

Ô mon Dieu,
Ô mon Jésus,
Donne-moi cette grâce de m'accueillir tel que je suis
Avec tendresse et miséricorde, tout
comme toi tu m'accueilles.
Ô mon Père, mon tendre Père,
Enseigne-moi, par ta grâce, au nom de Jésus,
À vivre avec mes infirmités au-
delà du regard des autres,

Puis de te les offrir.
Ô Esprit saint,
Agis en moi afin que je me laisse regarder par Jésus tel que je suis ;
Que je puisse en toute sérénité, en toute paix,
Me laisser regarder par l'Agneau
Afin de pouvoir me regarder moi-même en paix,
Vivre en paix,
Me laisser diviniser toujours davantage, en ta paix.
Amen.

3

Nous qui avons été baptisés, laissons le Christ agir en nous afin de nous connaître pleinement !

« Il s'agit de vous défaire de votre conduite d'autrefois, de l'homme ancien qui est en vous, corrompu par ses désirs trompeurs. Laissez-vous guider intérieurement par un esprit renouvelé. Adoptez le comportement de l'homme nouveau, créé saint et juste dans la vérité, à l'image de Dieu. »
(Lc 2, 10-11)

Comment parvenir, par la grâce du Christ, à ne plus vivre dans le vieil homme ? Comment vivre cet impossible, cette folie, puisque nous possédons toujours aussi cette nature ? Comme les Hébreux sont sortis d'Égypte, nous pouvons nous aussi, par la grâce de Dieu, quitter petit à petit notre ancienne condition d'esclaves du péché, en nous oubliant nous-mêmes, en laissant le Christ agir en nous et nous apprendre à nous connaître pleinement.

Évangélisons notre propre vie

« Il y a un problème qui ne fait pas de bien aux chrétiens : l'esprit du monde, l'esprit mondain, la mondanité spirituelle. Cela nous conduit à une suffisance, à vivre l'esprit du monde et non celui de Jésus ! »
Le pape François, 23 mai 2013

Nous, chrétiens, qui avons été baptisés, qui sommes nés de Dieu, nous devons en premier lieu prendre conscience que nous ne sommes pas du monde. Saint Jean écrit, dans sa première lettre : « Eux, ils sont du monde ; c'est pourquoi ils parlent le langage du monde ; et le monde les écoute. Mais nous, nous sommes de Dieu » (1 Jn 4, 5). Par conséquent, il nous faut cesser de vivre selon l'esprit du monde. Nous devons faire ce choix, prendre position ! C'est là une condition essentielle pour pouvoir vivre réellement notre dimension d'enfant de Dieu et être nous-mêmes. Or, je constate que cela est loin d'être une évidence… Je remarque, par exemple, que beaucoup de catholiques pensent et agissent uniquement en fonction des « règles » et des conventions propres à leur tissu social. Quand je parle de ce fait autour de moi, il n'est pas rare que l'on me rétorque qu'il n'y a pas que les catholiques qui fonctionnent de la sorte mais que toutes les communautés le font, chacune avec son propre mode de pensée et de fonctionnement. Là où le bât blesse et où je ne suis pas d'accord, c'est que ce n'est pas ce comportement que Jésus nous enseigne dans les Évangiles. Ainsi, dans le cas où tu es baptisé(e), permets-moi de t'interroger à nouveau : quelle est ta véritable référence ? Est-ce l'esprit du monde (qui peut passer à travers ta culture, ton éducation...) ou est-ce la Parole de Dieu, les Évangiles, le regard de l'Église, maintenant que tu es enfant de Dieu, revêtu(e) de l'homme nouveau ? Il est vrai que les autres cèdent à des influences et à des déterminismes de toutes sortes mais eux n'ont pas reçu le baptême, ils n'ont pas reçu Jésus, ils ne sont pas temples de Dieu et ne sont donc pas appelés à une vie nouvelle : ils ne sont pas nés de Dieu ! En lisant les Évangiles avec attention, nous nous apercevons que Jésus, lui, n'obéit pas à des codes, ou du moins, certainement pas aux nôtres car il n'est pas de ce monde : « Vous êtes d'en bas ; moi, je suis d'en haut. Vous êtes de ce monde ; moi, je ne suis pas de ce monde », nous dit-il dans l'Évangile de saint Jean (Jn 8, 23). Alors nous, en tant que chrétiens, allons-nous choisir d'imiter le raisonnement et le comportement de Jésus, ou préférons-nous continuer à raisonner et à vivre en fonction de ce que nous dicte le système auquel nous appartenons ? Plus d'une fois, les disciples de Jésus eux-mêmes se laissent surprendre par sa façon d'agir ! Après le dialogue avec la Samaritaine, par exemple, il est écrit : « là-dessus ses disciples vinrent ; et ils s'étonnaient de ce qu'il parlait avec une femme » (Jn 4, 27). La Samaritaine aussi est étonnée : « Comment toi, qui es Juif, me demandes-tu à boire, à moi qui suis une femme samaritaine ? » (Jn 4, 9). En effet, à cette époque, les Juifs ne parlaient pas aux

Samaritains. L'attitude de Jésus qui se laisse laver les pieds par Marie-Madeleine avec du parfum, avec ses cheveux, devant tout le monde, n'est-elle pas déconcertante ? Quand il s'agit de commenter cette scène de l'Évangile (Lc 7, 36-50), nous nous empressons d'apporter des interprétations spirituelles et théologiques… Cependant, je te pose la question : ce qui s'est passé, là, devant tout le monde, concrètement, n'est-ce pas réellement au-delà de nos principes, de ce que nous considérons comme « convenable » ? Quand Jésus nous dit d'aimer nos ennemis (Mt 5, 44), n'est-ce pas, là encore, au-delà de ce que nous enseignent nos cultures, nos sociétés purement humaines ? N'est-ce pas là d'autres comportements, d'autres modes de fonctionnement pour notre personne qu'il nous donne ? Dans l'Évangile de saint Matthieu, Jésus s'exclame : « Qui est ma mère, et qui sont mes frères ? » Puis, étendant la main sur ses disciples, il dit : « Voici ma mère et mes frères. Car, quiconque fait la volonté de mon Père qui est dans les cieux, celui-là est mon frère, et ma sœur, et ma mère » (Mt 12, 48-50). Tout ceci est pure folie aux yeux des hommes ! Saint Paul lui-même, qui sondait déjà très bien nos personnalités humaines, affirmait : « L'homme psychique n'accueille pas ce qui est de l'Esprit de Dieu : c'est folie pour lui » (1 Co 2, 14). C'est pourquoi, pour moi, le chrétien n'est pas une personne comme les autres. Il n'est pas supérieur, il est différent. Jésus nous appelle à ne plus appartenir au monde mais à lui appartenir à lui en tant qu'enfants de Dieu. Certes, notre vieil homme appartient toujours au monde, il a des raisonnements purement humains, mais nous qui sommes devenus enfants de Dieu, nous devons maintenant adopter des raisonnements divins qui vont imiter Jésus. Nous devons nous positionner clairement en tant que chrétiens et chrétiennes qui appartiennent au Christ, sans l'esprit du monde. Si nous ne faisons pas ce choix, nous serons toujours prisonniers du monde, de ses clichés et de ses codes car la nature a horreur du vide. Nous ne pourrons pas laisser le Christ agir en nous et, par conséquent, nous ne serons pas en mesure d'être réellement nous-mêmes grâce à lui et en lui.

Malheureusement, comme je te l'ai déjà dit, ce que je constate la plupart du temps, dans la réalité des rencontres que je fais depuis cinq ans, c'est que de nombreux chrétiens continuent à vivre comme s'ils appartenaient au monde, avec son raisonnement, son langage… Eh oui, bien souvent, il y a d'un côté, ce que l'on proclame, et de l'autre, la manière dont on vit son quotidien… Cela prouve qu'il est tout à fait possible de « pratiquer » la religion catholique, comme on l'entend souvent, sans vivre en enfants de Dieu! Ainsi, je le répète, beaucoup d'entre nous donnent l'impression de vivre comme s'ils n'étaient pas baptisés, comme s'ils n'avaient pas la dimension d'enfant de Dieu, comme s'ils ne vivaient pas avec la conviction que le Christ est réellement ressuscité. Bien sûr, nous le proclamons à Pâques: « Christ est ressuscité, vraiment ressuscité! » Mais, vivons-nous réellement, concrètement, chaque dimanche, et tout au long de la semaine, de ce Christ qui est ressuscité ? Prenons conscience que si nous ne le faisons pas, si nous continuons à vivre en vieil homme, avec notre naissance charnelle et uniquement avec elle, le sacrifice du Christ et sa résurrection ne servent à rien ! Et surtout, nous ne serons jamais en mesure d'être nous-mêmes, d'être ce que Jésus veut que nous soyons. Nous ne pourrons jamais faire un seul corps, une seule chair, avec Jésus et le laisser agir en nous. Nous ne vivrons jamais notre vie nouvelle d'enfant de Dieu, nous ne serons jamais temples de l'Esprit saint ! C'est pourquoi je suis convaincu que l'évangélisation, à laquelle nous sommes appelés, nous devons la vivre en premier lieu avec nous-mêmes. Il nous faut unifier tout notre être, évangéliser notre pensée, nos regards sur les gens et sur nous-mêmes. En effet, proclamer la résurrection du Christ et continuer à vivre et à penser comme un vieil homme n'a aucun sens ! Si nous affirmons que le Christ est ressuscité et si nous revendiquons que nous sommes chrétiens, cela doit influencer tout notre être, tout notre quotidien. Prenons conscience de ce que nous sommes, prenons du temps pour y penser. Demandons au Seigneur d'évangéliser notre intelligence, notre raisonnement, notre regard sur les événements et sur les personnes. Demandons-lui d'évangéliser nos actes. Car désormais, c'est un enfant de Dieu qui bouge, qui mange, qui réfléchit, qui agit ! Ce n'est plus le vieil homme ! Oui, prenons vraiment des temps d'adoration et de silence intérieur pour méditer tout cela. Alors nous serons en mesure de transmettre cette réalité à d'autres, autour de nous, et de faire en sorte que le Christ passe à travers nous, à l'image de saint Paul qui disait : « Ce n'est plus moi qui vis, c'est le Christ qui vit en moi » (Ga 2, 20).

Car oui, c'est vrai, c'est le Christ ressuscité qui vit en saint Paul. Mais en nous aussi qui sommes baptisés ! N'ayons pas peur d'affirmer, à notre niveau, que c'est le Christ qui vit en nous puisque nous avons cette dimension d'enfant de Dieu en nous. Bien sûr, elle n'est pas pleinement répandue, nous n'en sommes pas encore complètement revêtus, mais nous l'avons déjà ! Et c'est cette dimension d'enfant de Dieu qui va nous donner l'élan, l'énergie et le dynamisme pour aller évangéliser. En effet, c'est l'homme nouveau en nous qui désire ardemment connaître de plus en plus le Christ et le proclamer, le donner. Notre vieil homme, lui, est rempli d'amertume, de culpabilité. Il est totalement préoccupé et centré sur lui-même. Il nous fait perdre l'espoir de vivre véritablement en Dieu, d'être réconcilié en lui. Par conséquent, tant que nous « pratiquerons » la religion catholique avec uniquement la conscience de notre vieil homme, nous resterons prisonniers de nos clichés. Nous ne serons jamais réellement libres. Tant que nous prions le Seigneur uniquement pour lui demander de guérir telle ou telle faiblesse se rapportant à notre ancienne nature, nous restons prisonniers du vieil homme. Rappelle-toi ce que Jésus a répondu aux demandes de saint Paul qui le suppliait de le guérir : « Ma grâce te suffit » (2 Co 12, 9). Je ne dis pas qu'il faille arrêter de demander des guérisons mais je pense sincèrement que si toutes nos demandes et toute notre relation à Dieu ne portent que sur la condition qui était la nôtre avant le baptême, nous sommes en contradiction avec ce dernier. Car le baptême nous a apporté autre chose ! Quand nous n'étions pas encore baptisés, si nous étions croyants, nous allions supplier le Seigneur de nous aider, de guérir nos blessures et nos demandes ne concernaient que notre vieil homme que nous conservions. Mais à présent, nous pouvons réellement contempler ce que nous sommes déjà : nouvel homme, enfant de Dieu ! C'est cela la véritable guérison intérieure : cette prise de conscience de ce que nous sommes, de ce que Jésus a réalisé (et continue de réaliser) en nous et pour nous à travers cette nouvelle naissance. C'est ainsi que nous nous réalisons vraiment. C'est ainsi que nous pouvons nous connaître réellement et vivre pleinement selon les desseins que Dieu a pour nous. C'est ainsi enfin que nous sommes véritablement vivants ! Demandons à Jésus la grâce d'être revêtus entièrement de lui. Car plus notre personne reflétera la gloire du Christ, « tel un miroir », comme disait saint Paul (2 Co 3, 18), plus nous serons réellement nous-mêmes. Car quand un miroir réfléchit la lumière et que cette dernière l'inonde totalement, on finit par ne plus voir le miroir mais uniquement la lumière…

Tournons-nous vers la source d'Eau vive

Pour vivre réellement notre dimension d'enfant de Dieu, il nous faut oublier notre vieil homme afin qu'il n'ait plus d'emprise sur nous. De la même manière que Dieu a dit à Abraham : « Quitte ta terre, le lieu de ta naissance et la maison de ton Père et va dans la terre que je te montrerai » (Gn 12, 1), nous sommes nous aussi invités à quitter, en quelque sorte, tout ce qui constituait notre ancienne nature, ou plus précisément, à nous en désintéresser. La bienheureuse Élisabeth de la Trinité (1880-1906) disait que le secret de la paix et du bonheur, c'est de s'oublier et de se désoccuper de soi-même. S'oublier, c'est mettre de côté nos péchés, nos blessures, nos défauts... Cela ne signifie pas, comme je l'ai déjà souligné, qu'il faille totalement les ignorer, cesser d'en demander la guérison et ne plus confesser les actes de péchés que nous pouvons commettre ! Bien au contraire, nous allons remettre tout cela dans le sacrement de réconciliation et, ce faisant, les donner au Seigneur et ne plus nous en préoccuper. Tu sais, quand il arrive un accident de voiture à quelqu'un de très bien et qu'il est dans son tort, il fait un constat, il paye et répare ce qu'il peut et ça ne l'empêche pas de rester quelqu'un de bien ! Là, c'est un peu la même chose : nous sommes enfants de Dieu, pourtant parfois nous péchons parce que nous avons aussi en nous notre vieil homme. Nous n'avons pas à en avoir honte. Soyons confiants et rappelons-nous que saint Paul a dit : « là où le péché abonde, la grâce surabonde» (Rm 5, 20)! Dans le psaume 44, il est écrit: «Écoute, ma fille, regarde et tends l'oreille: oublie ton peuple et la maison de ton père: et quand tu auras fait cela le roi sera épris de ta beauté» (Ps 44, 11-12). C'est très intéressant: le roi s'éprend de sa fiancée au moment où elle s'oublie! Plus nous oublierons notre vieil homme, et plus nous perdrons de vue l'objectif d'avoir une relation «conforme» avec Dieu, plus nous serons revêtus du Christ ressuscité. Et, par conséquent, plus nous vivrons notre vie d'homme nouveau! Selon la bienheureuse Élisabeth de la Trinité, il faut «sortir de soi, se perdre de vue, se quitter, pour entrer plus profondément en Lui à chaque minute qui passe, si profondément que l'on y soit enraciné.» Puis, elle ajoute: «Lorsque l'âme est fixée en Lui en de telles profondeurs, quand ses racines y sont ainsi plongées, la sève divine s'épanche à flots en elle, et tout ce qui est vie imparfaite, banale, naturelle, est détruit. [...] Car elle est libre, délivrée d'elle-même et de tout.» Je crois que nous pouvons méditer ces paroles, nous laisser imprégner par elles... et nous tourner vers Jésus, qui est en nous.

Oh oui, cessons de nous centrer sur nous-mêmes! Même spirituellement! D'ailleurs, crois-moi, tout l'examen que nous pourrons faire de nos infirmités n'y changera rien! Aucun être humain n'y changera rien! Dieu seul a la capacité de pénétrer dans les profondeurs de notre être, dans nos blessures et nos tendances et de les guérir, s'il le souhaite. Saint Macaire, ce moine égyptien du IVe siècle, se référant à ces paroles de Jésus : « Je suis le médecin véritable, le bon Pasteur, je donne ma vie pour mes brebis » (Jn 10, 11) et « Je puis guérir toute maladie et toute faiblesse de l'âme » (Mt 10, 11), rappelait dans ses homélies que « la vraie guérison de l'âme ne peut être opérée que par le Seigneur[1] ». Ainsi, ce qui peut réellement changer les choses, c'est de regarder le Christ Ressuscité, en nous. Il est là ! C'est lui notre Sauveur ! Il vient purifier en un instant tout ce qui a besoin de l'être. Prenons du temps pour le contempler en nous et pour méditer notre dimension d'enfant de Dieu afin qu'elle se déploie de plus en plus. Nous pouvons répéter, de la même manière que nous récitons des chapelets : « Seigneur Jésus, Fils du Dieu vivant, tu m'as fait renaître », ou encore : « Seigneur Jésus, merci pour cette nouvelle naissance, merci pour ce que tu fais en moi ! » Nous pouvons prier la Vierge Marie pour qu'elle nous aide à fixer notre regard et notre cœur en lui. C'est en nous identifiant toujours plus au Christ ressuscité, en étant toujours plus à son image, que nous pourrons acquérir notre véritable identité d'enfant de Dieu. Mère Teresa disait : « Ce n'est pas la peine de perdre du temps à contempler inutilement nos misères, il s'agit d'élever nos cœurs vers Dieu et de laisser sa lumière nous illuminer[2]. » Ce comportement que nous avons,

1. *Les homélies spirituelles de saint Macaire l'Égyptien, Le renouvellement de la nature humaine*, 391 après J.-C.
2. Teresa de Calcutta, *Il n'y a pas de plus grand amour* (No Greater Love), Lattès, 1997, p. 53.

qui consiste à contempler inutilement nos misères, est l'une des conséquences du péché originel. En effet, rappelle-toi que, dans la Genèse, la première réaction qu'a l'homme après avoir désobéi, c'est, soudainement, de se voir, lui : il ne voit plus Dieu ! Il a même peur de Dieu. Il lui dit : « J'ai entendu ta voix dans le jardin, et j'ai eu peur, parce que je suis nu, et je me suis caché » (Gn 3, 10). Voilà : quand l'homme se regarde, lui, il ne regarde plus Dieu, il ne le contemple plus ! Il regarde sa propre misère et il va essayer de se « dépatouiller » avec… Aujourd'hui, beaucoup de chrétiens font exactement la même chose : ils essayent, tout en invoquant le nom de Jésus, de se « dépatouiller » de leur propre misère. Mais ce n'est pas cela que Jésus nous demande ! Ce qu'il nous demande, c'est de vivre notre condition nouvelle d'enfants de Dieu, malgré nos blessures, nos défauts, nos péchés. Il nous demande de venir à lui tels que nous sommes et de le laisser agir en nous.

Encore une fois, je te propose de prêter attention aux paroles que Jésus adresse à la Samaritaine (Jn 4, 1-30). Tu remarqueras qu'il ne s'éternise pas à discuter avec elle de sa blessure sexuelle, qu'elle doit bien avoir puisqu'elle a eu cinq maris… Cependant nous voyons que ce n'est pas cela l'essentiel pour Jésus. Certes, il le lui dit mais il passe aussitôt à autre chose, à un autre discours beaucoup plus important sur le don de Dieu, sur l'Eau vive. Ce qui est extraordinaire, c'est qu'il explique tout cela à une simple Samaritaine, qui n'a aucune formation, qui est blessée, qui a des défauts dans ses rapports aux hommes ! Et cette femme se laisse véritablement inonder par cette lumière divine qu'est le Christ. Nous voyons même ensuite que ce qui va lui donner l'impulsion pour aller vers les autres et les évangéliser, c'est d'avoir bu à la source d'Eau vive, qui est le Christ : « La femme, laissant là sa cruche, revint à la ville et dit aux gens : "Venez voir un homme qui m'a dit tout ce que j'ai fait. Ne serait-il pas le Messie ?" Ils sortirent de la ville, et ils se dirigeaient vers Jésus » (Jn 4, 28-30). Elle ne s'est pas regardée elle-même. Elle ne s'est pas demandé : « Comment les gens vont-ils m'accueillir et me regarder, moi avec mes péchés, mes blessures ? » Non, rien de tout cela... C'est à cela que nous sommes nous aussi appelés ! Comme la Samaritaine, présentons-nous devant le Seigneur tels que nous sommes, n'ayons pas honte. Le pape François a déclaré récemment : « Il s'agit d'aller à Dieu sans se maquiller : nous ne devons jamais nous maquiller devant Dieu. [...] Aller se confesser, ce n'est pas comme aller à la teinturerie : Jésus dans le confessionnal n'est pas un teinturier. La confession est une rencontre avec Jésus qui nous attend tels que nous sommes. » Alors, tournons-nous complètement vers le Seigneur, sans crainte, laissons-le nous regarder et nous transformer.

Extrait d'une lettre de la bienheureuse Élisabeth de la Trinité

(LT 249 de novembre 1905 à Mme Angles)

Je te propose de méditer ces paroles de la bienheureuse Élisabeth de la Trinité qui nous montrent qu'en aucun cas notre vieil homme ne constitue un obstacle qui pourrait nous empêcher de nous tourner vers Jésus :

« Rien ne doit vous paraître un obstacle pour aller à Lui. Ne tenez pas trop compte si vous êtes enflammée ou découragée ; c'est la loi de l'exil de passer ainsi d'un état à l'autre. Croyez alors que, Lui, Il ne change jamais, qu'en sa bonté Il est toujours penché sur vous pour vous emporter et vous établir en Lui. Si, malgré tout, le vide, la tristesse vous accablent, unissez cette agonie à celle du Maître au jardin des Olives, alors qu'Il disait au Père : "S'il est possible faites que ce calice s'éloigne de moi." Chère Madame, cela vous paraît peut-être difficile de vous oublier. Ne vous en préoccupez pas ; si vous saviez comme cela est simple… Je vais vous donner mon "secret" : pensez à ce Dieu qui habite en vous, dont vous êtes le temple ; c'est saint Paul qui parle ainsi, nous pouvons le croire. Petit à petit l'âme s'habitue à vivre en sa douce compagnie, elle comprend qu'elle porte en elle un petit Ciel où le Dieu d'amour a fixé son séjour. »

Laissons-nous transformer

Donnons-nous au Christ. Laissons-le agir ! La seule chose que nous devons faire, c'est nous laisser faire, nous laisser dévêtir en permanence par lui. Nous devons laisser mourir en nous notre vieil homme et laisser le Christ nous revêtir de l'homme nouveau, celui qui a été créé pour nous, par son esprit, par son propre corps de ressuscité. Alors, nous ne serons plus esclaves de nos passions, nous pourrons agir dans la paix, cette paix qui féconde la véritable liberté d'enfant de Dieu et qui nous permet d'être nous-mêmes. Dans l'épître aux Galates (3, 27), saint Paul nous dit : « Vous tous qui avez été baptisés dans le Christ, vous avez revêtu le Christ. » Cela ne doit pas rester seulement des notions intellectuelles ou de simples mots ! Par le baptême, nous revêtons véritablement le Christ dans son corps glorieux ! Oui, il est important de bien comprendre que cette vie nouvelle qui est en nous, c'est son corps glorieux dont nous sommes revêtus, c'est l'extension de sa propre vie de ressuscité. Dès lors, tout le but de la vie chrétienne consiste à nous laisser transformer, à laisser Dieu – le Père, le Fils, et le Saint-Esprit – agir afin qu'il nous dépouille toujours un peu plus de notre corps ancien, qui par sa nature est de poussière, et qu'il nous revête chaque jour et à chaque instant, toujours davantage et à l'infini, de cette nouvelle création, de ce nouveau « corps », de ce nouvel homme. Oui, la toute-puissance de Dieu, du Verbe incarné, doit irradier véritablement dans toute la matière et par conséquent, dans toute notre humanité. Dieu désire nous irradier jusqu'au plus profond de notre être – y compris de notre être obscur, puisqu'il est venu pour les pécheurs –, dans toutes nos puissances, dans toutes nos émotions, dans toutes nos sensibilités. C'est ainsi que peut se réaliser en plénitude l'Incarnation de Dieu et que nous pouvons être réellement nous-mêmes au-delà de tout. Et c'est aussi pour cela que saint Paul pouvait dire qu'il se glorifiait de ses faiblesses...

Prenons toujours comme référence la Parole de Dieu, suivons l'exemple de la Samaritaine : elle non plus ne s'est pas culpabilisée de ses faiblesses ! Je crois qu'il nous faut simplement constater les nôtres et laisser ensuite le Seigneur s'en occuper, les évangéliser ou les crucifier. Parfois, cela peut faire mal, mais ce n'est pas à nous de nous juger : nous devons nous accepter tels que nous sommes. Des personnes naissent malheureusement avec un lourd handicap physique. De la même manière, nous sommes tous nés avec des tendances, des vices, des passions, avec de bons ou de mauvais caractères. C'est la conséquence du péché ! Nos mauvaises tendances et nos blessures sont aussi parfois la conséquence de l'éducation que nous avons reçue, du fait que nos parents ne nous aient pas désirés, etc. Quoi qu'il en soit, nous n'y pouvons rien ! C'est notre croix, celle que le Seigneur a permise pour nous. Par conséquent, il faut l'accueillir, être soi-même et l'offrir au Seigneur afin de le laisser s'incarner véritablement dans tout cela. Prenons un exemple : quand tu mets un poivron dans de l'eau bouillante, il s'ouvre et si tu ajoutes un peu d'huile, celle-ci va imprégner toutes les parties du poivron. De la même manière, il faut que nous laissions le Seigneur imprégner toutes les parties de notre humanité, la diviniser, l'évangéliser. Jésus a dit: «Je ne suis pas venu pour juger le monde, mais pour le sauver» (Jn 12, 47).

Tu comprends bien que c'est notre union avec le Christ qui va permettre réellement ce dépouillement progressif de notre vieil homme, tous les jours, sans discontinuer, par l'action de l'Esprit saint. Au niveau de la première création, qui vient de la poussière, et de la créature qui vient de la chair, il y avait ce que l'on appelle les liens du sang. Au cours du baptême, nous sommes créés par Jésus et en Jésus. Cela signifie que nous sommes totalement unis à Lui. C'est une des raisons pour laquelle saint Paul nous appelle si souvent les «membres du Christ». Par conséquent, la nouvelle créature que nous sommes, ce nouvel homme, ne peut se séparer de Dieu un seul instant, à moins que nous le voulions délibérément. Si nous le faisons, nous ne sommes plus dans cette dimension. Quand on devient adulte, on quitte ses parents, on «coupe le cordon ombilical» comme on dit (même si l'on garde encore le lien du sang). Le nouvel homme en revanche, cette nouvelle créature, ne coupe jamais le cordon ombilical. Bien sûr, il est ce qu'il est, une personne à part entière, mais en même temps, il est sans cesse lié à Jésus. Comme l'affirmait saint Paul: «Ni la mort, ni la vie, ni les anges, ni les dominations, ni le présent, ni l'avenir, ni les puissances, ni les êtres d'en-haut, ni ceux d'en bas, ni aucune autre créature ne pourra nous séparer de l'amour de Dieu en Christ-Jésus notre Seigneur» (Rm 8, 38-39) et, par conséquent, ne pourra nous séparer du Christ lui-même! Cette union à Jésus est essentielle car c'est elle qui nous permet de pouvoir nous perpétuer dans l'éternité, de vivre de Dieu et en Dieu, et lui en nous, d'être libre et d'avoir, déjà sur la terre, accès au Ciel pour louer le Seigneur en tant que nouvelle créature céleste, en tant que chrétien! Eh oui, c'est de cette manière qu'on loue le Seigneur! Car le vieil homme, lui, n'a aucune envie de le louer! Lui, tout ce qu'il veut, c'est pécher! Ce n'est pas le vieil homme qui nous fait crier «Abba Père!»: c'est l'Esprit saint! Et pour que l'Esprit saint en nous puisse nous faire crier «Abba Père», il faut qu'il y ait, en nous, un réceptacle pour le recevoir. Ce réceptacle qui reçoit l'Esprit saint, c'est le nouvel homme né du baptême.

Prières:

Mon Dieu, je suis tellement convaincu que vous veillez sur ceux qui espèrent en vous et qu'on ne peut manquer de rien à partir du moment où l'on attend de vous toutes choses, que j'ai résolu de vivre à l'avenir sans aucun souci et de me décharger sur vous de toutes mes inquiétudes.

«En paix, aussitôt, je me couche et m'endors. Toi seul, Seigneur, me mets à part dans l'espérance. Les hommes peuvent me dépouiller, et des biens, et de l'honneur ; les maladies peuvent m'ôter les forces et les moyens de vous servir ; je puis même perdre votre grâce par le péché ; mais jamais je ne perdrai mon espérance ; je la conserverai jusqu'au dernier moment de ma vie, et tous les démons de l'enfer feront à ce moment de vains efforts pour me l'arracher : en paix, aussitôt, je me couche et m'endors. »

Saint Claude La Colombière

4

Oui, mais comment ?

« Et nous tous qui, le visage découvert,
reflétons comme un miroir la gloire du Seigneur,
nous sommes transformés en cette même image,
toujours plus glorieuse, comme il convient à
l'action du Seigneur qui est l'Esprit. »
(2 Co 3, 18)

Pour que notre nature d'enfant de Dieu grandisse en nous et prenne toujours plus de place dans notre réalité quotidienne, nous avons vu qu'il nous faut l'entretenir, la nourrir… Tu vois bien que cela n'a rien à voir avec le fait de « pratiquer une religion » comme on dit dans le monde ! Dans ce chapitre, je souhaite partager avec toi quelques idées concrètes qui vont nous permettre, jour après jour, de nous ouvrir à l'action du Seigneur en nous.

Confesser notre foi

La première chose qui va nous permettre de bénéficier de l'action du Seigneur en nous, c'est notre foi en Jésus-Christ ressuscité. Il nous faut croire en lui et l'accueillir. En effet, saint Jean, dans son Prologue, nous dit : « À tous ceux qui l'ont accueilli, il a donné pouvoir de devenir enfants de Dieu, à ceux qui croient en son nom » (Jn 1, 12). Nous pouvons lire également dans sa première lettre : « Celui qui confesse que Jésus est le fils de Dieu, Dieu demeure en lui et lui en Dieu » (1 Jn 4, 15). Or, je t'ai expliqué, dans le chapitre précédent, que l'homme nouveau que nous avons revêtu est uni à Dieu et ne fait avec lui qu'un seul corps, qu'un seul être et ne peut se séparer de lui un seul instant. La foi, qui est à l'origine un mouvement intérieur qui nous est donné par Dieu et qu'il nous faut ensuite exprimer par des paroles, par une « confession de foi », nous permet donc de demeurer dans cette dimension d'homme nouveau, d'enfant de Dieu.

Mais nos doutes, d'où viennent-ils ? Ils proviennent de notre vieil homme, ils sont la conséquence du péché. C'est pourquoi, chaque fois que nous doutons, il est inutile de nous culpabiliser. En effet, c'est « normal » : les doutes font partie de notre naissance naturelle, charnelle ! Mais sache que le Seigneur ne nous abandonne pas à nos doutes. Rappelle-toi ce passage de l'Évangile où, au moment précis où Thomas voit le Christ ressuscité et qu'il touche de son doigt ses plaies, tous ses doutes s'envolent et il s'écrie avec certitude : « Mon Seigneur et mon Dieu ! » Jésus dit alors : « Parce que tu me vois, tu crois. Bienheureux ceux qui n'ont pas vu et qui ont cru » (Jn 20, 29). « Bienheureux », nous dit Jésus ! C'est une béatitude que le Seigneur nous donne ici ! Oui, si nous avons vraiment foi en Jésus ressuscité, tous nos doutes s'évaporent, ils sont anéantis, exactement comme cela s'est produit pour saint Thomas ! Car la résurrection du Christ nous permet réellement, à travers le baptême, d'être « nés de Dieu », et celui qui naît de Dieu ne doute pas. Sais-tu que nous aussi, nous pouvons toucher le Christ ? Bien sûr, pas de la même manière que saint Thomas qui l'a touché avec son doigt, mais nous pouvons réellement le toucher à travers notre foi. Cela te surprend ? Il est vrai que les notions de « foi » et de « toucher » paraissent très éloignées l'une de l'autre car le mot « toucher » nous renvoie à nos sens ; or, nous ne « ressentons » pas Dieu ! Cependant, l'Église nous révèle que la foi est une vertu théologale, ce qui signifie que son objet est Dieu. Ainsi, la foi ne réside pas simplement dans le fait de croire en Dieu, elle nous met directement en contact avec lui : la foi touche Dieu. Désirons réellement être sans cesse en contact avec le Christ ressuscité, le toucher, recevoir cette lumière, cette grâce, cette force et en vivre tous les jours de notre vie !

La lectio divina

L'étude de la Parole de Dieu, que l'on appelle la *lectio divina*, constitue elle aussi un instrument puissant de notre transformation. L'importance de la Parole de Dieu et la manière de l'aborder ne sont pas à proprement parler l'objet de notre échange. Ce sujet, inépuisable, nécessiterait d'y consacrer un livre entier... Néanmoins, puisque la Parole de Dieu est une nourriture – comme l'a rappelé Jésus, « ce n'est pas de pain seulement que l'homme vivra, mais de toute Parole qui sort de la bouche de Dieu » (Lc 4, 4) –, je désire en parler ici, de manière succincte. Je pense qu'il est extrêmement important de consacrer du temps à la *lectio divina*, chaque jour. En effet, en la pratiquant régulièrement, nous allons nourrir notre foi, tout comme notre corps se nourrit de solide et de liquide, et, petit à petit, nous allons soumettre totalement à la Parole notre pensée et notre intelligence, à tel point que ces dernières vont pouvoir à leur tour soumettre notre cœur, car, comme le disait saint Thomas d'Aquin, c'est la raison qui dirige et gouverne nos émotions. Ainsi, la Parole de Dieu va devenir notre référence. Attention, soyons avertis : pour y parvenir, il va d'abord nous falloir lutter contre une habitude très répandue chez nous qui consiste à considérer notre propre pensée comme la référence absolue et à nous servir de la Parole de Dieu comme d'une assise à celle-ci ! En effet, comme je l'ai déjà souligné, la manière de penser et de concevoir les choses en France reste très imprégnée par la philosophie de Descartes, ce philosophe du XVIIe siècle qui a dit : « Je pense donc je suis[1]. » Très souvent, on aborde la Parole de Dieu aussi de cette manière, en demeurant notre propre référence. Ce n'est pas un jugement que je fais là mais un constat ; encore une fois, moi-même, en tant que juif converti, je suis appelé à d'autres conversions, mais il me paraît nécessaire que le catholique occidental, qu'il soit né catholique ou converti au catholicisme, effectue cette conversion afin de pouvoir se nourrir véritablement de la Parole de Dieu et grandir en tant qu'enfant de Dieu. De même, si nous essayons, comme je l'entends parfois, de comprendre la Parole de Dieu avec notre mental, avec notre intellect, en nous disant : « il faut absolument qu'elle descende dans mon cœur ! », il est évident qu'elle va rester dans notre tête puisque c'est là que nous l'avons accueillie au départ. Honnêtement, ni Jésus, ni saint Jean, ni saint Pierre, ni saint Paul n'ont jamais donné une telle méthode ! La soumission de notre volonté, de notre raison et de notre cœur à la Parole va créer une réelle proximité avec Dieu. Or, c'est cette dernière qui est propice à la révélation : Dieu va se révéler lui-même à nous, nous parler et nous enseigner par l'action de l'Esprit saint. Voilà quelle est, selon moi, la vraie théologie.

1. René Descartes, *Discours de la méthode*, 1637.

La prière

La prière est essentielle parce qu'elle nous permet d'entrer en dialogue avec Dieu. Je ne vais pas revenir ici sur ses vertus car de très nombreux livres ont été écrits sur le sujet. Je t'encourage d'ailleurs vivement à lire *Le grand moyen de la prière* de saint Alphonse de Liguori qui traite de la puissance de la prière. En ce qui me concerne, je souhaite simplement soulever un point qui me tient à cœur, celui de la nécessité de prier les psaumes. Les psaumes ont été priés à toutes les époques, à chaque génération, par tous les peuples et je suis surpris de découvrir que les laïcs catholiques les prient si peu. En effet, en tant que laïcs, nous faisons des prières spontanées, celles qui sortent de notre propre cœur, nous pratiquons des dévotions et nous avons tendance à considérer que la prière des psaumes est réservée aux prêtres, aux moines, aux moniales, etc. Même à la messe, nous nous contentons généralement de les écouter au lieu de les chanter, les prier, les méditer. Tu penses peut-être que je dis cela à cause de ma culture juive mais n'oublie pas que Jésus et Marie aussi étaient juifs et qu'ils lisaient, récitaient et priaient les psaumes. Ce mode de prière est, selon moi, primordial car il nous met en contact direct avec Dieu lui-même, avec la Parole de Dieu qui s'est faite chair ! J'invite chaque chrétien à essayer de prier un psaume chaque jour ou, si c'est impossible, par manque de temps, de prendre le psaume du dimanche et de le prier, le méditer tout au long de la semaine…

Les sacrements de l'Église

Le Christ est venu pour que sa vie divine abonde, pour qu'elle en déborde même ! Ainsi, dans l'Évangile de saint Jean, Jésus déclare : « moi, je suis venu pour qu'on ait la vie et qu'on l'ait surabondante » (Jn 10, 10). Or, cette vie que le Christ désire tant nous donner en abondance, nous la recevons directement à travers les sacrements de l'Église. Oui, c'est pour cela que Jésus les a institués, ce ne sont pas de simples rituels ! Un sacrement est un signe : c'est quelque chose de visible qui exprime quelque chose d'invisible, qui nous dépasse. D'ailleurs, le mot latin *sacramentum* vient du grec *mysterion*, qui signifie mystère. Chaque sacrement est un mystère : à partir d'un signe visible qui met en jeu un élément physique, matériel, comme le pain et le vin pour l'Eucharistie ou encore l'eau pour le baptême, il exprime une réalité divine. Et cette réalité divine, à travers le sacrement, va produire en nous des prodiges. Le sacrement est véritablement une « maternité » divine. À l'instar de l'acte conjugal entre l'homme et la femme, le sacrement est le lieu de la rencontre entre Dieu et son Église qui va donner naissance, en nous, à ce que Dieu veut pour nous[1]. De la même manière que le petit enfant issu de l'acte

1. Saint Paul, dans sa lettre aux Éphésiens, assimile le Christ et l'Église à l'homme et son épouse : « À cause de cela, l'homme quittera son père et sa mère, il s'attachera à sa femme, et tous deux ne feront plus qu'un. Ce mystère est grand : je le dis en pensant au Christ et à l'Église » (Ep 5, 31-32).

conjugal est relié à ses parents, ce qui va naître en nous du sacrement est relié au Christ. Tout cela nous est clairement révélé par Jésus dans les Évangiles. À propos du sacrement de l'Eucharistie par exemple, il déclare : « Qui mange ma chair et boit mon sang à la vie éternelle et je le ressusciterai au dernier jour » (Jn 6, 54). Le sacrement de réconciliation, lui, nous permet de nous retourner vers Dieu, de nous remettre en état de grâce, pour l'aimer encore plus et pour recevoir de sa part encore plus de grâces. Chaque sacrement que le Seigneur nous a donné à travers sa sainte Église a pour mission, à sa manière, d'accroître en nous la vie divine, exactement comme la nourriture et la boisson nous permettent de grandir et de prendre des forces ou encore que l'air nous permet de respirer ! Prenons-nous conscience, chaque fois que nous recevons un sacrement, que nous allons être divinisés davantage ? D'où l'importance de recevoir le plus souvent possible les sacrements ! Car nous sommes à l'image de Dieu, enfants de Dieu (non par nature mais par filiation) et nous lui ressemblons de plus en plus…

Le problème est que bien souvent, sans le savoir, nous faisons obstacle à cette action que Dieu veut opérer en nous à travers les sacrements… Nous pourrions comparer le Christ au soleil et les sacrements de l'Église à ses rayons : pour que le soleil puisse donner pleinement sa lumière et sa chaleur sur la terre, que faut-il ? La réponse est évidente : il faut qu'il n'y ait pas de nuages ! Le premier « nuage » que nous posons et qui fait obstacle à la lumière de Jésus à travers les sacrements, c'est encore une fois notre vieil homme. Car nous nous présentons pour les recevoir uniquement en tant que vieil homme, avec seulement la conscience de notre ancienne nature. Or, si les sacrements ont pour mission d'augmenter toujours plus la vie divine en nous, de nous transformer et de faire grandir notre nature d'enfant de Dieu, en quoi cela concerne-t-il notre vieil homme ? Ce dernier, comme je l'ai déjà dit, doit être cloué à la croix ! Nous devons réaliser que nous ne sommes plus seulement notre ancienne nature : même si nous la possédons encore, nous sommes maintenant aussi et surtout enfants de Dieu. Plus nous allons croire que nous n'avons qu'une seule naissance, notre naissance naturelle, charnelle, que nous sommes indignes ou de « mauvaise qualité », plus nous allons nous focaliser sur nos défauts, ou même sur nos qualités purement humaines et plus nous allons faire obstacle à l'effusion que les sacrements veulent répandre... Beaucoup de catholiques ne sont pas conscients qu'ils sont nés de Dieu, enfants de Dieu, temples de l'Esprit saint ! Ils n'ont pas compris pourquoi Dieu s'est incarné et en quoi cela leur permet d'être véritablement eux-mêmes. Ils en sont arrivés à une « pratique religieuse », comme d'autres êtres humains pratiquent n'importe quelle autre religion.

D'ailleurs, à ce propos, il est intéressant d'observer le déroulement même de la célébration eucharistique. Au début de la messe, le prêtre prononce cette parole : « Préparons-nous à célébrer l'Eucharistie en reconnaissant que nous sommes pécheurs.» Je me demande si le fait d'entendre cette phrase chaque dimanche ne nous conditionne pas à vivre dans cet état-là, puisque nous ne proclamons qu'un seul état de notre nature. Il est vrai que nous sommes pécheurs, mais prenons garde de ne pas nous enfermer nous-mêmes dans cette unique disposition, dans notre nature de vieil homme! Rappelons-nous ce que le Dieu trinitaire a fait pour nous par la résurrection! Pourquoi ne pas reconnaître plutôt que nous sommes enfants de Dieu mais que nous péchons? De même, lorsque nous disons: «Seigneur, je ne suis pas digne de te recevoir mais dis une seule parole et je serai guéri», je me demande toujours pourquoi nous nous présentons devant Jésus en tant que vieil homme uniquement. Alors moi, je proclame aussi intérieurement: «Merci Seigneur, c'est toi qui me rends digne de te recevoir. Je suis enfant de Dieu malgré mes péchés!» Prenons conscience, dans notre vie quotidienne, dans nos prières, à la messe, que nous sommes devenus temples de Dieu. Chaque chrétien, par le baptême, a été rendu digne de le recevoir. Le baptême est un signe divin indélébile qui nous a fait naître de Dieu et qui nous permet, ainsi, de participer réellement à l'adoration du Verbe incarné qui est le médiateur entre nous et Dieu. Par conséquent, réjouissons-nous! Soyons heureux de recevoir la Sainte Eucharistie! Et même si nous disons: «Seigneur je ne suis pas digne de te recevoir», chacun peut aussi s'exclamer intérieurement : « Seigneur, je suis si heureux de te recevoir parce que je suis ton enfant ! »

Je souhaite encore m'attarder un peu sur ce sacrement, qui est le sacrement de tous les sacrements : la Sainte Eucharistie. Par lui, nous recevons totalement le Christ, en sa personne, et nous buvons véritablement à la source même de l'eau vive ! Voilà pourquoi j'insiste sur le fait qu'il est de toute première importance d'aller communier régulièrement afin que la vie divine surabonde véritablement en nous. En outre, bien sûr, la Sainte Eucharistie va nous aider à avoir une vie de plus en plus « morale », une vie de vertu, une vie qui va être divinisée... Je pense qu'il serait bon que les prêtres, les évêques, ceux qui ont la possibilité de le faire, réexpliquent ce qui se passe à la messe, ce qu'est la Sainte Eucharistie, ce qui se passe sur l'autel. Ainsi, nous pourrions peut-être en prendre davantage conscience et vivre réellement ce saint sacrement. Je ne leur demande pas de faire toute une catéchèse sur l'Eucharistie mais de prendre peut-être cinq ou dix minutes après l'homélie (même si cela nécessite que cette dernière soit plus courte et plus ciblée) pour expliquer ce qui est sur le point de se produire, au cours de la consécration, et pour nous rappeler ce que nous allons recevoir. Cela me paraît vraiment essentiel, aussi bien pour ceux qui sont déjà au courant, car le sujet est inépuisable, que pour ceux qui ont oublié ou qui n'ont jamais lu ou médité sur ce sacrement. On entend souvent qu'avant de communier, il est bon de s'être confessé, d'être sans péché. Il est évident – et saint Paul le dit bien – qu'il faut prendre la Sainte Eucharistie de telle manière qu'on puisse être « agréable » à Dieu. Cependant, n'oublions pas que Jésus est venu parce que nous étions pécheurs, il n'a pas attendu que nous ne le soyons plus pour s'incarner ! Or, aujourd'hui, la venue de Jésus dans notre propre vie se réalise dans sa plénitude au moment de recevoir la Sainte Eucharistie. Par conséquent, à travers elle, le Seigneur ne nous donnera-t-il pas l'envie et la force d'aller nous confesser et de ne plus pécher ? Si nous regardons les Évangiles, Jésus commence toujours par agir sur l'être humain et ensuite il lui dit : « Va et ne pèche plus. » Bien sûr, si l'on raisonne selon les lois naturelles, il vaudrait mieux, je l'ai dit moi-même plus haut, ne pas mettre d'obstacle à l'action de la Sainte Eucharistie afin qu'elle puisse nous influencer au maximum. Cependant, le Seigneur n'est-il pas au-delà des lois naturelles, des lois physiques et des images que nous pouvons former ? N'est-il pas au-delà de l'image que nous pouvons (ou que nous voudrions) avoir de lui ? En ce qui me concerne, je conseillerais plutôt d'essayer, autant que possible, de nous présenter devant Dieu dans l'état le plus agréable qui soit quand nous prenons la Sainte Eucharistie. Cependant, si nous ne sommes pas dans cet état-là, je pense que nous devons tout de même aller communier, recevoir Jésus[1]. Je

1. Je souhaite préciser que je n'ai aucunement l'intention de m'opposer au magistère de l'Église catholique et que ce que je dis ne s'adresse pas aux personnes qu'elle n'autorise pas à communier, comme les divorcés remariés.

crois que la miséricorde divine est au-delà de tout et qu'il est possible que le miracle se produise à travers cette communion. Jésus peut donner à la personne qui le reçoit dans l'Eucharistie la force de ne plus pécher, d'en avoir au moins le désir, la volonté, et de venir une prochaine fois le recevoir dans des dispositions plus agréables. Il peut lui donner la force d'être lui-même, libre en Dieu, puisque nous disons : « Seigneur, dis une seule parole et je serai guéri ! »

Extrait du *Petit journal* de Sœur Faustine

J'ai eu l'occasion de découvrir ce très beau témoignage de Sœur Faustine qui est venu conforter ce sentiment qui était le mien et que je viens de partager avec toi, à propos de la Sainte Eucharistie. Je te laisse le découvrir, puis méditer à ton tour l'initiative de Sœur Faustine et la réponse que lui fait Jésus :

> « À un certain moment un doute survint en moi : ce qui m'était arrivé, n'avait-il pas profondément offensé le Seigneur Jésus ? Comme je ne pouvais le résoudre, j'ai décidé de ne pas aller communier avant de m'être confessée, bien que je me sois immédiatement repentie, car j'ai l'habitude, au moindre manquement de demander pardon. Pendant les jours où je ne m'approchais pas de la Sainte Communion je ne sentais pas la présence de Dieu et j'en souffrais extrêmement. Mais je supportais

> cela comme une punition pour mon péché. Cependant à la sainte Confession, je reçus un blâme pour avoir manqué la Sainte Communion car ce qui m'était arrivé n'était pas un empêchement pour aller communier. Après la confession je reçus la Sainte Communion et je vis le Seigneur Jésus qui me dit ces paroles : *"Sache, ma fille, que tu me faisais une plus grande peine en ne t'unissant pas à moi dans la Sainte Communion que par ce petit manquement"* » (611).

Approfondir notre relation avec Dieu

« *L'aimer signifie rester en dialogue avec Lui.* »
Benoît XVI, le 26 mai 2006

Le baptême ne nous a pas fait devenir chrétiens, ou catholiques, il nous a fait devenir enfants de Dieu. Il nous a permis de participer, par filiation, à la race divine. C'est pourquoi, pour terminer ce chapitre, j'aimerais insister sur un point très important et, à mon sens, déterminant : comme je l'ai déjà dit, notre relation avec Dieu ne doit pas consister en une simple « pratique religieuse ». Bien souvent, de nombreux catholiques considèrent et « pratiquent » les sacrements de l'Église comme s'il s'agissait de rituels. Ils se rendent à l'église simplement parce que c'est de cette manière qu'ils « pratiquent » leur religion. « Pratiquer » une religion… Demandons-nous jusqu'à quel point ce mot est révélateur de la manière dont nous vivons les choses, de notre relation à Jésus... Si, alors que je suis en train de boire de l'eau, je te disais : « je suis en train de pratiquer quelque chose qui me permet de rester vivant ! », tu trouverais cela ridicule ? Pour moi, ça l'est tout autant de parler ainsi des sacrements. Si nous allons à l'église, ce n'est pas parce que nous « pratiquons » une religion mais parce que nous allons nous y nourrir ! Nous allons recevoir la Sainte Eucharistie ! Nous allons recevoir Dieu ! De même, lorsque nous allons nous confesser, nous allons « faire le plein » de son amour, de sa miséricorde, de sa tendresse ! Ainsi nourris, nous pouvons grandir toujours davantage dans ce que nous sommes, enfants de Dieu, hommes nouveaux ; nous pouvons être de plus en plus nous-mêmes...

L'homme ancien, qui était sous la domination du péché, ne pouvait pas avoir de relation réelle et profonde avec Dieu. Il y avait comme un voile : c'était la conséquence du péché. Remarquons que la perception que l'homme a de Dieu après la faute est totalement différente de celle qu'il en avait avant. Avant la faute, il n'avait pas peur de lui. Après avoir péché, Adam déclare : « J'ai eu peur [...] et je me suis caché » (Gn 3, 10). Or, la peur de l'autre, et ici en l'occurrence de Dieu, ne permet pas à l'homme d'avoir une vraie relation d'amour avec lui. Mais qui peut affirmer sincèrement qu'il n'a pas besoin d'un regard de tendresse sur lui ? Qui peut dire qu'il n'a pas besoin d'un regard de miséricorde qui lui pardonne tout ? Parmi ceux qui sont en couple, mariés ou non, croyants ou pas, qui peut dire qu'il n'a pas besoin que son conjoint le regarde avec amour, tendresse et compassion, qu'il sache lui accorder son pardon au cours des inévitables conflits qui jalonnent la vie à deux ? Je crois sincèrement que personne ne peut le dire car cette relation personnelle, forte, est un besoin fondamental de l'homme et de la femme, et c'est aussi vrai dans notre relation avec Dieu et en Dieu. Et c'est précisément cela que nous recevons dans les sacrements ! Nous sommes des êtres de relation parce que Dieu est un Dieu de relation et que nous avons été créés à son image. Je t'invite à regarder avec attention, dans le Prologue de l'Évangile de saint Jean, la manière dont le Fils est positionné vis-à-vis de son Père. Saint Jean nous dit qu'il est « tourné vers le sein du Père » (Jn 1, 18). C'est une relation de contemplation que nous voyons ici ! Une relation d'amour… Et c'est précisément dans ce regard d'amour que se trouve la source du nouvel homme, de la nouvelle naissance. Oui, c'est dans ce regard d'amour que Dieu nous a pensés et élus, toi et moi, « dès avant la fondation du monde » (Ep 1, 5). Il nous a pensés et élus dans ce contexte, décrit par saint Jean, de pur amour divin, libre de toute contingence. Il nous a pensés et élus au-delà de toute blessure, au-delà du regard des autres à commencer par celui de nos parents et de nos différents éducateurs, au-delà de notre culture, de notre travail, au-delà de toutes ces choses qui nous empêchent d'être nous-mêmes parce que nous leur donnons une réalité suprême. Voilà comment nous devons vivre aujourd'hui notre relation à Dieu et en Dieu : dans ce regard mutuel, constant, du Père au Fils, dans ce regard du Père qui se contemple lui-même en contemplant son Fils. Car c'est précisément dans ce regard que se trouve la possibilité que nous avons d'être nous-mêmes, d'être transformés en lui, toujours plus ! Cette relation d'amour filial avec Dieu, nous pouvons la retrouver dès maintenant, dès ici-bas, malgré notre vieil homme et nos blessures, notre culture, notre éducation, notre regard sur l'Église et sur Dieu… Pour cela, il nous suffit simplement de prendre des temps de rencontre avec lui, dans notre chambre, et de nous laisser aller à un cœur un cœur dans cette contemplation amoureuse : contempler notre propre source en nous… Oui, contempler le regard du Père sur le Fils et le regard du Fils sur le Père nous permet de prendre conscience, avec la grâce de Dieu, de qui est en nous et de qui nous sommes vraiment ! Quelle que soit notre sensibilité ou notre « pratique » religieuse, et même si nous sommes très actifs au sein d'une communauté ou dans notre paroisse, faire l'impasse sur de tels moments de cœur à cœur et de contemplation avec Dieu et en Dieu me paraît catastrophique pour notre vie de chrétien (et à plus forte raison aujourd'hui !). En revanche, plus nous approfondirons notre relation personnelle avec Dieu, plus nous nous adresserons à lui de façon filiale, comme un enfant parle à ses parents, ou encore comme un frère parle à un autre frère (car Jésus est notre grand frère !), plus nous mettrons l'accent sur ce que nous sommes réellement et ferons grandir en nous notre nouvelle nature d'enfant de Dieu. Autrement, comment veux-tu que nous soyons nous-mêmes ? Nous pourrions faire toutes sortes de choses, jamais nous ne pourrions l'être !

Le mot religion signifie : « être relié ». Nous sommes liés à Dieu mais aussi en Dieu. En effet, saint Jean nous apporte cette notion nouvelle et fondamentale : « Celui qui confesse que Jésus est le fils de Dieu, Dieu demeure en lui et lui en Dieu » (1 Jn 4, 15). Eh oui, nous aussi nous demeurons en Dieu ! Comme il est parfois difficile à nos raisonnements cartésiens de concevoir cela ! Car là encore, ce n'est pas ça ou ça, mais ça et ça ! Dieu est présent dans la Création, dans la Sainte Eucharistie : il est extérieur à nous et nous pouvons avoir une relation de face à face avec lui. Mais Dieu est aussi présent en nous. Et ce n'est pas tout : ce que saint Jean a compris et vécu, c'est que les enfants de Dieu demeurent également en lui ! En 2005, lors de la célébration de l'Ascension, le pape Benoît XVI proclamait : « L'homme trouve une place en Dieu ; à travers le Christ, l'être humain a été conduit jusqu'à l'intérieur de la vie même de Dieu ! » Il n'y a aucune autre religion qui proclame que nous allons demeurer en Dieu, aucune ! Peut-être d'ailleurs que cela fait peur car il pourrait nous sembler que cela va ébranler la transcendance de Dieu, sa toute-puissance, ou encore que cela va constituer un obstacle à notre liberté. Pourtant, il n'en est rien… Comme le proclame si bien le pape Benoît XVI : « le Christ n'enlève rien, il donne tout »[1] ! Nous demeurons donc au sein de la Sainte Trinité qui est notre paradis ! La bienheureuse Élisabeth de la Trinité disait : « Pensez que vous êtes en Lui, qu'Il se fait votre demeure ici-bas ; et puisqu'Il est en vous, que vous le possédez au plus intime de vous-même, qu'à toute heure du jour et de la nuit, dans toutes joies ou épreuves vous pouvez le trouver là, tout près, tout au-dedans. C'est là le secret du bonheur. […] Il est en moi, je suis en Lui, je n'ai qu'à L'aimer, qu'à me laisser aimer, et cela tout le temps, à travers toutes choses. » Ne croyons pas qu'il s'agit d'une illusion ou d'une utopie : ceci est et doit être une réalité pour chaque chrétien. Vivons-la dès ici-bas ! C'est la condition pour être réellement libres et épanouis, pour être nous-mêmes. Tout comme un animal ou un végétal a besoin de demeurer dans son milieu ambiant pour vivre et s'épanouir pleinement, nous devons vivre nous aussi dans notre milieu ambiant, vivre dans la demeure de Dieu. Comme le psalmiste, ne cherchons qu'une chose : « habiter la maison du Seigneur » tous les jours de notre vie (Ps 26, 4) !

1. Messe inaugurale du pontificat de Benoît XVI, 24 avril 2005.

Prière :

Ô mon Dieu,
Ô Jésus,
Donne-moi cette grâce de pouvoir
vivre en relation filiale avec toi,
De pouvoir te parler comme à un frère
car tu es mon grand frère !
Ô Esprit saint,
Toi qui me permets de pouvoir témoigner de Jésus,
Permets-moi de vivre, et de témoi-
gner par ma vie de tous les jours,
De ce regard mutuel entre le Père et le Fils,
De ce regard que le Père a sur moi,
Lui qui me regarde sans cesse
Et qui, en me regardant, contemple
Jésus son Fils unique.
Ainsi, ô Esprit saint, par ton action
divine, sanctifiante et libératrice,
Je serai moi-même une icône du Dieu trinitaire !
Ô Père, dans ta grande miséricorde,
Permets-moi, par toi et en toi,
De vivre toujours plus, déjà ici-bas, au sein
même de Dieu, dans ma maison.
Et toi, ô Dieu trinitaire, tu vis en
moi, je suis ta maison !
Amen.

5

Le Ciel sur la terre

« Il y a dans le monde une terre que Dieu a préparée pour venir habiter au milieu de nous, une demeure pour sa présence dans le monde. »
Le pape Benoît XVI, Noël 2012.

Quel est le but de l'Incarnation ? Pourquoi Jésus est-il venu dans le monde ? Qu'est-ce que cela change concrètement pour toi et moi ? Nous avons vu comment nous pouvions faire grandir en nous notre dimension d'enfant de Dieu. Afin de permettre vraiment la réalisation du projet de Dieu dans nos vies, une dernière condition me paraît essentielle : vivre l'Incarnation. Comment la vivons-nous dans notre quotidien ?

La finalité de l'Incarnation

Pourquoi Dieu s'est-il incarné ? Plusieurs réponses, complémentaires, sont énoncées dans les Évangiles et dans les épîtres de saint Paul. Dieu s'est incarné pour faire de nous ses « fils adoptifs » (Ep 1, 5), pour que nous puissions « devenir enfants de Dieu » (Jn 1, 12) par Jésus-Christ. Il s'est incarné pour que nous puissions le recevoir, et le voir, concrètement (même si nous le verrons en face à face après notre mort). Peut-on recevoir le soleil, directement ? Non ! Pour le recevoir, nous devons passer par ses rayons, eux-mêmes filtrés par les couches de l'atmosphère… À Moïse qui le suppliait de lui montrer sa gloire, Dieu a répondu : « tu ne peux pas voir ma face car l'homme ne peut me voir et vivre » (Ex 33, 18-20). Ainsi, sans cette Incarnation, il est impossible à l'homme et même au monde, qui sont limités, de recevoir l'infini de Dieu ! Et de le recevoir de telle manière qu'il pénètre notre humanité pour la relever, la redynamiser, lui donner une nouvelle naissance… La finalité de l'Incarnation, c'est de nous permettre d'être ce que nous sommes en vérité : des enfants de Dieu, totalement libres, d'une liberté divine ! Le but de l'Incarnation, c'est de diviniser notre humanité afin que nous puissions la vivre pleinement en Dieu. Oui, des hommes et des femmes divinisés : voilà ce qu'est la véritable humanité ! C'est pourquoi si, pour quelle que raison que ce soit, nous faisons abstraction de cela dans notre vocation de chrétiens, nous ne serons jamais réellement humains…

L'Incarnation, c'est Dieu qui entre dans notre histoire humaine et qui assume toutes nos dimensions, non pour les annihiler mais pour les amener à leur plénitude. Le Verbe, la deuxième personne de la Trinité, s'est «fait chair». Il «est» cette nouvelle humanité, et il l'irradie de l'intérieur de la même manière que l'âme irradie tout le corps humain, mais de manière beaucoup plus puissante, sans aucune commune mesure. Ainsi, lorsque nous sommes à la ressemblance de Jésus, nous qui sommes devenus enfants de Dieu, lorsque nous sommes membres du Christ, toute notre humanité à nous aussi est irradiée de l'intérieur. Je dis bien toute notre humanité, dans toutes ses dimensions (pas seulement spirituelle) ! Car Dieu, qui s'est incarné, a dormi, a mangé, a vécu véritablement notre sensibilité humaine. Par conséquent, c'est réellement tout cela qui est divinisé par l'Incarnation. Et si nous pouvons demeurer en Dieu, comme nous l'a révélé saint Jean dans son Prologue, c'est justement parce que nous appartenons à la race divine, tout comme un enfant peut demeurer dans le sein de sa mère parce qu'il est humain tout comme elle. Dans l'épître aux Éphésiens, saint Paul nous dit que nous avons été «créés *dans* le Christ» (Ep 2, 10). Par conséquent, de la même manière qu'un être humain qui a été créé dans le sein de sa mère prend naturellement les lois naturelles de la chair, puisque nous avons été créés dans le Christ, nous prenons les lois naturelles (ou plutôt surnaturelles) du divin !

Osons vivre l'Incarnation !

« Je pensais que mener une vie religieuse signifiait abandonner toute chose terrestre pour vivre seulement dans la pensée des choses divines. Peu à peu, j'ai appris à comprendre qu'au contraire ce monde requiert bien autre chose de nous et que, même dans la vie contemplative, les liens avec le monde ne doivent pas être tranchés. »
Sainte Bénédicte de la Croix (Edith Stein)

Il me semble que nous avons énormément (sans doute trop) spiritualisé le christianisme et que nous avons négligé dans notre relation à Dieu notre humanité, notre sensibilité humaine. Or, sommes-nous une âme sans corps ? Que faisons-nous de ce corps, avec lequel nous vivons et qui doit être temple du Christ pour être de plus en plus divinisé ? Un conflit émane de tout cela : nous sommes souvent tiraillés entre nos désirs, nos plaisirs, et le fait de faire la volonté du Père... En effet, en tant que catholiques, ne vivons-nous pas quelque part avec cette idée qu'il ne nous faudrait pas aimer le monde ? N'avons-nous pas appris – peut-être nous l'a-t-on enseigné – que la perfection consiste dans le détachement du monde et de toutes les réalités d'ici-bas ? Pourtant, ce monde, c'est Dieu qui l'a créé ! Et nous pouvons lire à plusieurs reprises, dans le récit de la Création, « Dieu vit que cela était bon » (Gn 1) ! Le fait que Dieu ait créé le monde matériel, le monde physique, nous montre qu'ici-bas rien n'est profane. Ceci est encore plus vrai avec l'Incarnation de Dieu. Pourtant, ce n'est pas ainsi que nous vivons les choses. Nous percevons souvent le monde comme un obstacle à notre relation avec Dieu : entre Dieu et le monde, lequel des deux sera le plus « adoré » ? Ne sommes-nous pas constamment dans cette problématique ? La conséquence de ce conflit est que certains vont choisir de refouler leurs goûts naturels et se désintéresser de toutes les choses « terrestres » afin de s'attacher à des objets purement spirituels, alors que d'autres seront tellement agacés par tous les conseils évangéliques qu'ils vont préférer mener une vie simplement humaine qui va leur sembler bonne et vraie.

L'Église catholique, aujourd'hui, accorde beaucoup plus d'importance au corps. Mais il aura fallu attendre pour cela qu'un pape, le pape Jean-Paul II, nous en parle et proclame l'importance de la sexualité. À tel point que, quand nous abordons ce thème au sein de l'Église catholique, Jean-Paul II constitue quasiment la seule personnalité de l'Église à laquelle nous puissions faire référence ! Cela prouve bien que quelque chose a été mal vécu… Et, bien que cette vérité ait été ratifiée par le pape lui-même, elle prendra encore du temps à vraiment imprégner la culture du monde catholique occidental… Il nous est encore très difficile de « vivre » véritablement que le corps, que l'humain, est important. Oui, nous avons du mal à vivre véritablement l'Incarnation. Pas à en parler, pas à y penser, mais à la vivre véritablement ! Nous avons du mal à vivre le fait que Dieu est au-delà d'un concept, d'une idée, d'une dimension et d'une relation spirituelles et qu'il vient nous rejoindre dans notre humanité. Cela ne va pas de soi... Nous nous sentons proches de lui lorsque nous allons à la messe, lorsque nous prions, lorsque nous méditons. Mais le reste du temps, dans ce qui fait notre vie quotidienne, concrète, nous sentons-nous proches de Dieu ? Notre corps aussi est important, non pas en tant que tel uniquement, mais parce qu'il est temple de Dieu, parce qu'il nous permet de servir Dieu et de le glorifier. Il nous faut prendre conscience de tout cela et oser le vivre !

Que nous dit la Bible à ce sujet ? Dans sa première lettre aux Corinthiens, saint Paul déclare : « Soit donc que vous mangiez, soit que vous buviez, soit que vous fassiez quelque autre chose, faites tout pour la gloire de Dieu » (1 Co 10, 31). Tu vois, saint Paul ne dénigre pas notre partie sensible, notre réalité humaine, mais il dit de faire toutes choses pour Dieu car c'est de cette manière que ces choses-là pourront être, elles aussi, divinisées. Dans l'Évangile de saint Matthieu, le Christ nous dit : « J'avais faim, et vous m'avez donné à manger ; j'avais soif, et vous m'avez donné à boire ; j'étais un étranger, et vous m'avez accueilli ; j'étais nu, et vous m'avez habillé ; j'étais malade, et vous m'avez visité ; j'étais en prison, et vous êtes venus jusqu'à moi ! » Et, comme les justes de l'Évangile, nous nous étonnons : « Seigneur, quand est-ce que nous t'avons vu... ? Tu avais donc faim, et nous t'avons nourri ? Tu avais soif, et nous t'avons donné à boire ? Tu étais un étranger, et nous t'avons accueilli ? Tu étais nu, et nous t'avons habillé ? Tu étais malade ou en prison… Quand sommes-nous venus jusqu'à toi ? » Et le Christ nous répond : « Amen, je vous le dis, chaque fois que vous l'avez fait à l'un de ces petits qui sont mes frères, c'est à moi que vous l'avez fait » (Mt 25, 31-46). Jésus nous parle ici d'actes très concrets : apporter à manger à quelqu'un, lui donner à boire, l'accueillir, l'habiller… Dans tous ces actes, nous sommes proches de Dieu ! Nous sommes en relation directe avec lui ! Dans sa première lettre, saint Jean nous dit : « Celui qui aime son frère demeure dans la lumière, et aucune occasion de chute n'est en lui » (1 Jn 2, 10). Oui, nos relations fraternelles entre frères et sœurs nous permettent aussi de demeurer en Dieu ! Par nature, l'homme est un être relationnel, parce qu'il est l'image de Dieu et que Dieu lui-même est un être de relation : Dieu est en relation avec son Fils, il entre en relation avec ses créatures, avec nous ses enfants. Oui, c'est comme cela que nous sommes en vérité, c'est comme cela que Dieu nous a créés… Or, regarde à quel point le fait que nous ne vivions pas comme réellement incarnés façonne nos comportements… Nous pouvons par exemple nous rendre à l'église pendant des années sans n'avoir aucune relation humaine avec le frère ou la sœur qui est placé(e) à côté, sans même savoir comment il ou elle s'appelle, même pas quel est son prénom ! Nous sommes pratiquement incapables de nous dire bonjour fraternellement avant la messe ! À part ceux qui font partie d'une communauté, ou même parfois du noyau de la communauté, qui se connaît ? Il y a là une question à se poser par rapport à l'Incarnation, à notre relation filiale avec Dieu, à notre relation fraternelle entre frères et sœurs !

Pour être nous-mêmes, osons vivre l'Incarnation ! Nous ne sommes pas désincarnés ! Nous sommes des personnes entières et c'est la conscience de cela qui nous permettra d'être nous-mêmes et d'être réellement chrétiens. Connais-tu le cantique des trois enfants dans l'histoire de Daniel, celui qui dit : « Toutes les œuvres du Seigneur, bénissez le Seigneur » (Dn 3, 52-90) ? Il y est écrit comment chaque chose créée, ici-bas et dans le ciel, loue Dieu. Pour vivre véritablement notre Incarnation et pour louer Dieu avec tout notre être, nous pouvons poursuivre le cantique en détaillant également tout ce qui correspond à notre personne : notre âme, notre corps, chacun de nos membres… Oui, tout cela doit aussi proclamer la louange de Dieu ! Louons Dieu pour ce corps qui nous permet de nous rendre à l'église, d'aller à la rencontre de nos frères, de les servir… Les premiers chrétiens martyrisés n'ont pas simplement sacrifié leur âme, mais aussi leur corps : c'est toute leur personne qu'ils ont donnée au Christ ! Nous aussi, vivons notre dimension d'enfant de Dieu avec toute notre personne.

Prière :

Ô mon Dieu,
Ô Jésus, Verbe éternel du Père,
Toi qui t'es incarné pour moi,

Donne-moi cette grâce de vivre de ton incarnation,
De vivre en mon humanité, en toute ma personne,
Ce pourquoi tu es venu,
Afin d'être toujours plus moi-même.
Ô Jésus,
Protège-moi du démon qui désire que
je spiritualise ma relation avec toi.
Ô Esprit saint,
Agis en moi afin que je puisse vivre Dieu
Dans toute ma personne, dans mon quotidien,
Ainsi je serai toujours plus ton enfant,
À ton image,
Pour la gloire de Dieu le Père.
Amen.

Une vie surnaturelle

« *Pour atteindre à la vie idéale de l'âme je crois qu'il faut vivre dans le surnaturel, c'est-à-dire ne jamais agir "naturellement"… Il faut prendre conscience que Dieu est au plus intime de nous et aller à tout avec Lui.* »
Bienheureuse Élisabeth de la Trinité

Te rends-tu compte à quel point l'Incarnation est quelque chose d'extraordinaire ? Elle rend présent le fait que Dieu est là, parmi nous, avec nous ! Elle nous permet d'appartenir à la race divine. C'est beaucoup plus que des mots, c'est quelque chose de très concret : la matière, le monde, notre humanité vivent concrètement cette présence de Dieu sur la terre! L'éternité est entrée dans le temps… Bien sûr, Dieu, en créant le monde, y avait laissé son empreinte divine, marquée d'éternité. Mais avec l'Incarnation, c'est bien plus que l'empreinte de Dieu qui fait irruption dans notre réalité, c'est véritablement lui! C'est dans cette éternité-là que nous vivons déjà, ici-bas. Pour être exact, nous commençons à y vivre concrètement à partir de la résurrection du Christ, c'est-à-dire, en ce qui nous concerne, à partir de notre baptême, ce moment où nous sommes morts et ressuscités avec Jésus et où nous sommes devenus enfants de Dieu. Notre vie n'est pas simplement une préparation à la vie éternelle comme nous avons tendance à le croire. Nous sommes déjà dans l'éternité car Dieu lui-même est entré concrètement dans le temps! Le temps a pris une autre dimension, même si nous ne le ressentons pas, même si, pour nous, les journées durent toujours vingt-quatre heures. Jésus a dit: « Celui qui mange ma chair et qui boit mon sang a la vie éternelle, et moi je le ressusciterai au dernier jour » (Jn 6, 54). Il n'a pas dit « aura » mais bien « a » la vie éternelle. Et comme je l'ai dit dans le chapitre précédent, communier au corps du Christ, c'est nourrir en nous, déjà ici-bas, cette vie éternelle.

De plus, de même qu'un enfant va vivre à l'image de ses parents – même si ensuite il va grandir et avoir une identité personnelle et indépendante –, nous aussi, qui sommes nés de Dieu, nous allons vivre désormais à son image. Sois bien attentif à cette nuance: nous ne sommes plus simplement des créatures à l'image de Dieu comme nous l'étions auparavant mais nous allons désormais vivre à l'image de Dieu parce que nous jouissons de la nature même du Christ ressuscité. Voilà la nouveauté qu'apporte l'Incarnation. Quelle folie pour la sagesse humaine qu'elle soit païenne, juive ou musulmane ! Car dès lors, le chrétien est appelé à vivre du Christ, c'est-à-dire de Dieu, et à vivre, par conséquent, une vie surnaturelle ! La bienheureuse Élisabeth de la Trinité nous dit qu'alors « on n'est jamais banal, même en faisant les actions les plus ordinaires, car on ne vit pas en ces choses, on les dépasse ». Ainsi, même les choses les plus ordinaires ont perdu leur banalité car elles sont divinisées. Tout notre quotidien est désormais imprégné de cette patrie du Ciel, de cette divinité. Tous nos actes, et l'intention même de nos actes, changent car l'esprit que nous y mettons est totalement différent et que l'acte lui-même est imprégné de ce nouvel esprit. Saint Paul disait que nous avons été « créés dans le Christ Jésus en vue des bonnes œuvres que Dieu a préparées pour nous, pour que nous les pratiquions » (Ep 2, 10). Ainsi, ce qui va nous permettre de pratiquer de bonnes œuvres, c'est d'être en Christ et d'être une nouvelle création. Sans cela, nos œuvres sont simplement humaines et nous savons bien que même les plus belles œuvres humaines ont tendance à être orientées vers nous-mêmes, vers notre intérêt personnel. En revanche, lorsque nous pratiquons, avec notre nouvel homme, les « bonnes œuvres que

Dieu a préparées d'avance pour nous », nous le faisons totalement en Dieu et pour Dieu. Pourquoi pouvons-nous pratiquer des œuvres qui vont être tournées totalement vers Dieu, sans aucune recherche d'intérêt personnel ? Parce que ce sont des œuvres divines ! Et pourquoi pouvons-nous pratiquer des œuvres divines, des œuvres qui sont donc à l'image de notre Dieu ? Parce que cet homme nouveau auquel Dieu a donné naissance « d'en-haut », comme Jésus le dit à Nicodème, est fondamentalement référé à la nature divine. Il n'est pas seulement créé par Dieu, il est né selon Dieu. Cela est extrêmement important.

Tout cela, le vieil homme ne peut pas le vivre, c'est impossible. Cette vie surnaturelle, divinisée, éternelle, dont je te parle correspond à notre dimension d'enfant de Dieu. Les deux sont inséparables ! Oui, l'homme nouveau bénéficie déjà du Ciel sur la terre. Il participe, dès à présent, à la « vie bienheureuse »[1] de Dieu. Et j'insiste encore une fois sur le fait que vivre de cette vie nouvelle ne signifie en aucun cas être désincarné (évidemment puisque Dieu lui-même est incarné en Jésus !). Cela ne signifie absolument pas que nous n'allons plus vivre que dans le spirituel et que nous allons perdre notre sensibilité humaine. Bien au contraire ! Cela signifie que notre sensibilité humaine est réellement réordonnée à Dieu. Certes, cette vie surnaturelle n'est pas visible aux yeux du monde, elle « reste cachée avec le Christ en Dieu »

1. CEC, Prologue, I, La vie de l'homme, 1.

comme dit saint Paul (Col 3, 3). Mais elle est bien réelle. Regarde la Vierge Marie : elle gardait le secret de l'Incarnation caché dans son cœur, elle vivait en secret le fait qu'elle était enceinte du Verbe de Dieu, cela était caché aux yeux du monde. Mais ce n'est pas pour autant qu'il s'agissait d'une illusion ou qu'elle n'en vivait pas vraiment ! C'est la même chose pour nous : nous pouvons vivre de façon cachée ces réalités qui ne sont pas encore totalement dévoilées dans notre personne et dans le monde. Et plus nous nous attacherons dans notre intelligence, dans notre raisonnement, dans notre psychologie, dans notre quotidien, dans la méditation et la contemplation, à vivre cela, plus nous nous situerons dans cette réalité. Ne t'est-il jamais arrivé, quand tu discutes avec quelqu'un, qu'il te demande brusquement : « Mais, où es-tu ? » parce que ta pensée était ailleurs ? Là où est la personne en pensée, c'est là qu'elle se trouve. Par conséquent, si notre pensée, notre intelligence, notre raisonnement et notre cœur se trouvent dans le nouvel homme, dans ce que le Christ a fait maintenant pour nous qui l'avons revêtu, c'est là que nous allons nous trouver et nous pourrons alors jouir réellement du Ciel sur la terre. Bien sûr, cela ne fera pas disparaître notre vieil homme, mais nous, nous nous trouverons dans notre milieu ambiant.

Prière :

Ô Jésus,
Ô mon Dieu,
Donne-moi cette grâce de prendre
toujours plus conscience
De ce que tu affirmais à travers
saint Jean, ton bien-aimé :
Que nous ne sommes plus de ce monde,
Que je ne suis plus, ô Jésus, ce vieil homme.
Oui, Seigneur Jésus, je te demande,
par ton Esprit saint,
De pouvoir vivre déjà sur la terre
De ce Ciel qui est en moi, c'est-à-dire de toi,
De ce nouvel homme que je suis
Pour mieux réordonner tout mon quotidien
Et ainsi le diviniser toujours plus
Pour la gloire du Père et en l'Esprit saint,
Par Jésus, le Christ notre seigneur.
Amen.

6

Chrétiens dans le monde

«Je leur ai donné ta parole; et le monde les a haïs, parce qu'ils ne sont pas du monde, comme moi je ne suis pas du monde. Je ne te prie pas de les ôter du monde, mais de les préserver du mal. Ils ne sont pas du monde, comme moi je ne suis pas du monde.»
(Jn 17, 14-16)

Nous sommes dans le monde mais nous ne sommes pas du monde. Je l'ai déjà dit plusieurs fois et je le répète car il s'agit d'une clé pour être nous-mêmes, pour être véritablement chrétiens et pour faire ce que le Seigneur nous demande. Être chrétiens dans le monde, c'est avoir un regard nouveau et une attitude nouvelle, en Christ. C'est cela le projet de Dieu.

Évangéliser

Après sa résurrection, Jésus a envoyé ses disciples en leur disant : « Allez donc, de toutes les nations faites des disciples, les baptisant au nom du Père et du Fils et du Saint-Esprit » (Mt 28, 19). Eh oui, le Christ a tellement d'amour pour tous les hommes qu'il nous demande d'aller les évangéliser, tous, afin que tous puissent devenir à leur tour enfants de Dieu ! C'est pourquoi nous, catholiques, nous avons le devoir de nous interroger : que faisons-nous de cette mission d'évangélisation que le Seigneur nous confie ? Quelle est aujourd'hui notre position, c'est-à-dire notre façon de nous poser, en tant que catholiques, face au monde, face à la société, dans notre famille, dans notre milieu professionnel ou auprès de nos amis ? Saint Paul, dans son épître aux Romains, s'exclame : « Je ne rougis pas de l'Évangile » (Rm 1, 16). Et nous, sommes-nous fiers d'être catholiques ou en avons-nous honte ? Bien sûr, il ne s'agit pas d'entrer dans la provocation mais s'agit-il pour autant de nous « mouler », de nous « formater » suivant le nouveau précepte selon lequel « il ne faut surtout pas faire de vagues » ? Dans son *Cantique spirituel*[1], saint Jean de la Croix nous dit : « Celui qui aime Dieu ne rougit pas devant les hommes des œuvres qu'il fait pour lui. Il ne les cache pas comme s'il était confus de les accomplir, alors même que le monde tout entier devrait les condamner... »

1. Saint Jean de la Croix, *Le Cantique spirituel*, 1578.

Qui est-il donc « celui qui aime Dieu » ? Encore une fois, c'est notre dimension de nouvel homme. Le vieil homme ne peut pas aimer Dieu véritablement, tel que Jésus nous le demande. Et il n'a pas du tout envie d'aller évangéliser ! Il est essentiel de se rappeler que c'est après sa résurrection, quand son corps est devenu glorieux, quand il est devenu immortel, que Jésus a envoyé ses disciples, qu'il leur a confié cette mission d'évangélisation, car cela nous montre bien que ce qui va nous permettre d'aller évangéliser, c'est-à-dire d'amener le Christ aux autres, c'est notre dimension d'enfant de Dieu. Nous sommes les envoyés du Christ, oui, mais du Christ vivant, ressuscité, dans la gloire ! Saint Paul a dit : « Si le Christ n'est pas ressuscité, mon message est faux, votre foi est vaine » (1 Co 15, 14). Mais le Christ est vraiment ressuscité et c'est avec cela que nous vivons en tant que chrétiens, c'est avec cela que nous existons aujourd'hui, même s'il nous faut parfois passer par des croix. Si nous sommes réellement conscients de ce que signifie « être enfants de Dieu » et si nous vivons vraiment en tant que tels, alors les limitations du monde sont dépassées et, face aux événements, nous n'avons pas peur. Car nous sommes remplis de la puissance du Christ ressuscité ! Nous pouvons transmettre – avec l'aide de Dieu bien sûr – le bonheur d'être enfants de Dieu. Nous sommes capables de témoigner jusqu'au bout, jusqu'au martyre s'il le faut (si telle est la volonté de Dieu et avec sa seule grâce et sa force) que nous sommes enfants de Dieu ! Et être martyr ne signifie pas forcément mourir physiquement. Il s'agit également de mourir à nos idées qui sont devenues une référence, de mourir face à la société, aux membres d'un groupe, si nous ne pensons pas comme eux. Sommes-nous prêts à perdre des amis pour le Christ ?

Dans *Le Cantique spirituel*, saint Jean de la Croix déclare également : « Ainsi l'âme pleine de ce courage que lui donne l'amour se glorifie que l'on voit ses actions pour son Bien-Aimé, et qu'elle est perdue pour tout ce qui est ici-bas. » Cela signifie que notre dimension d'enfant de Dieu ne prend pas en considération le regard des autres et ce que les autres vont dire. Nous ne sommes plus de ce monde. Il nous faut sans cesse avoir ce détachement absolu. C'est ce détachement et cet abandon que Dieu demande à Abraham quand il lui dit : « Quitte ta terre, le lieu de ta naissance et la maison de ton Père et va dans la terre que je te montrerai » (Gn 12, 1). Essaie de te mettre à la place d'Abraham. Penses-tu que cela a été facile pour lui, en tant qu'être humain, de quitter toutes ses attaches, tout ce qu'il a pu recevoir de son père, pour suivre Dieu ? Or, ceci est demandé, de différentes façons, à chaque chrétien. C'est la première chose que Dieu demande à Abraham et c'est aussi la première chose que Dieu nous demande. Bien sûr, c'est une croix, c'est douloureux, car nous avons tous nos attaches et nous avons tous du mal à nous en débarrasser. Nous tenons tous à notre façon de voir et de réfléchir, à tout ce qui a construit notre vieil homme ! Il serait tellement plus rassurant de continuer à vivre avec nos propres références, déjà bien ancrées en nous et autour de nous ! Mais nous devons y renoncer. Autrement, nous ne pouvons pas être enfants de Dieu, nous ne pouvons pas être nous-mêmes car nous rougissons du Christ et de ce que nous sommes. Or, ceux qui « rougissent encore de confesser le Christ par leurs œuvres devant les hommes », sont, selon saint Jean de la Croix, des « esclaves du respect humain, ils ne vivent pas vraiment de la vie du Christ ». Ainsi, si nous cherchons à nous justifier de nos actes auprès des hommes, nous sommes encore « esclaves » ! Et ce qui nous permet d'être libres, c'est de faire vivre ce qui est déjà en nous : notre nature d'enfant de Dieu. Nous pouvons prier sainte Marie-Madeleine qui a été capable de braver la société de son époque en lavant et en parfumant les pieds de Jésus avec ses cheveux (et il y a d'autres exemples de cet ordre dans l'histoire des premiers chrétiens). Elle a eu la force et le courage d'aller au-delà des conventions, au-delà de la société ambiante, devant tout le monde ! Oui, prenons exemple sur cette femme et laissons Jésus nous évangéliser afin de pouvoir évangéliser à notre tour.

Aimer comme Dieu nous aime

Au moment de partir vers le Père, Jésus nous a donné son plus grand commandement : « Aimez-vous les uns les autres comme je vous ai aimés » (Jn 15, 12). Ce commandement, tous les chrétiens le connaissent.

Mais sommes-nous vraiment attentifs à cette parole de Jésus ? Il ne nous a pas seulement demandé de nous aimer les uns les autres (c'est le plus souvent ce que nous retenons), il nous a bien dit : « comme je vous ai aimés ». Car le seul véritable amour est de nature divine. L'amour humain, celui de notre vieil homme, n'est pas le véritable amour. Il n'est pas cet amour dont saint Jean nous parle dans sa première lettre quand il dit : « Dieu est amour » (1 Jn 4, 16). Nous qui, par notre baptême et par notre foi, sommes devenus enfants de Dieu, nous avons hérité de la nature du Christ et par conséquent, nous avons la capacité d'aimer de cet amour divin. Oui, si nous laissons cet amour divin imprégner toutes les dimensions de notre humanité, toutes ces dimensions que le Dieu Amour a assumées, alors nous pouvons réellement aimer comme le Christ nous a aimés ! Cet amour divin, c'est la charité, cette vertu théologale que nous recevons de Dieu pour les autres, pour tous, sans distinction. Sans aucune distinction ! Car Jésus a dit également : « Aimez vos ennemis » (Mt 5, 44). Et là encore, il faut comprendre : « comme je vous ai aimés » ! Car nous étions ennemis de Dieu et il nous a aimés jusqu'au bout, jusqu'à la mort : « étant ses ennemis, nous avons été réconciliés avec Dieu par la mort de son Fils », nous dit saint Paul (Rm 5, 10). « Le Fils de Dieu m'a tellement aimé qu'il s'est livré pour moi ! », s'exclame-t-il ailleurs (Ga 2, 20). Voilà de quelle manière, de quel amour, le Christ nous aime… Et voilà comment il nous appelle à aimer ! Le signe véritablement distinctif du chrétien, c'est qu'il aime ses ennemis. Car il est tellement libre en Dieu qu'il peut aimer l'homme qui se trouve dans cet ennemi. Il l'aime parce que le Christ l'aime. Oui, c'est en Christ qu'il aime cet homme qui a aussi la capacité d'aimer et de se convertir.

Le vieil homme, en revanche, n'aime pas comme Dieu : il n'aime pas ses ennemis. Pourquoi ? Tout simplement parce qu'il n'en est pas capable ! Il n'est pas en mesure d'aimer comme Jésus nous demande d'aimer. Bien sûr, certaines personnes déploient des contacts humains que l'on peut qualifier de réellement fraternels ; nous pouvons ressentir chez elles l'importance donnée à la relation humaine : elles ont le souci de rejoindre l'autre, de l'aimer, l'aider, le soutenir... En effet, ceci n'est pas une attitude spécifiquement chrétienne : c'est une attitude universelle. C'est une loi naturelle que Dieu a inscrite, au moment de la Création, dans chaque homme « créé à son image et à sa ressemblance ». Cependant, à cause du péché, il y a eu une défaillance : l'homme est devenu égoïste ! Et notre amour de vieil homme sera toujours « entaché » par cette conséquence du péché, par ce retour sur soi, par l'autosatisfaction d'aller aider l'autre, aussi minime soit-elle. Ainsi, soyons conscients que si nous vivons seulement de notre nature pécheresse, nous n'avons pas la capacité de réaliser la loi évangélique, même par la grâce. C'est impossible. Car c'est l'enfant de Dieu qui reçoit la grâce, ce n'est pas le vieil homme (à mon avis, la seule grâce que peut recevoir le vieil homme, c'est d'être évangélisé et de mourir sur la croix). Le chrétien doit aimer l'autre non pas selon la loi naturelle, mais comme Jésus a aimé. C'est quelque chose de tout à fait nouveau : nous devons aimer comme Dieu nous aime et non pas comme un être humain aime. Nous devons aider l'autre comme Dieu aide, nous devons être compatissants comme Dieu l'est. L'amour du chrétien trouve sa source en Dieu, c'est un amour surnaturel qui a pour seul et unique intérêt l'autre et Dieu. Le vieil homme, lui, peut atteindre l'autre d'une certaine manière, mais d'une façon simplement humaine. En revanche, si nous sommes véritablement avec Dieu et en Dieu, nous pouvons atteindre cet autre pour lui-même, le rejoindre vraiment, pour lui. Cela demande une conversion. Cela demande d'être courageux et de revoir nos références et nos repères. C'est une crucifixion.

Saint Jean a dit : « Si nous marchons dans la lumière, comme il est lui-même dans la lumière, nous sommes en communion les uns avec les autres » (1 Jn 1, 7). Ainsi, pour être en communion les uns avec les autres, il nous faut d'abord nous laisser rejoindre par Dieu, être en union permanente avec lui, dans une véritable relation filiale. Nous ne pourrons être de véritables instruments entre ses mains, de véritables serviteurs, qu'au moment où nous lui aurons dit oui : « Oui mon Dieu, je veux être ton enfant et je me laisse aimer par toi, malgré mes faiblesses ! » Vivre en ayant conscience que Dieu nous rejoint tels que nous sommes nous permet à notre tour d'aller rejoindre l'autre tel qu'il est, dans ses difficultés, dans ses qualités comme dans ses défauts. Le fait d'être réellement nous-mêmes nous permet d'accepter l'autre tel qu'il est ! Le Christ attend toujours notre oui : oui à cet amour surnaturel, oui à rejoindre l'autre pour l'autre de façon surnaturelle. C'est alors qu'il pourra agir, en nous et à travers nous, pour faire connaître à cet autre le véritable amour et lui permettre de devenir, à son tour, enfant de Dieu.

Chrétiens toujours et partout

Être chrétiens, enfants de Dieu, toujours et partout et agir en conséquence, c'est bien la raison d'être de l'Incarnation et de l'union entre Jésus et l'Église. C'est aussi l'objet de la doctrine sociale de l'Église, trop méconnue et, par conséquent, trop peu vécue. Par exemple, nous les catholiques, nous nous considérons généralement comme des personnes ouvertes sur l'extérieur. Pourtant, ce n'est pas ce que j'ai pu expérimenter et constater depuis ma conversion, notamment au sein des communautés charismatiques laïques et dans les églises diocésaines. En effet, bien souvent, nos relations humaines ne sont pas fondées sur une vraie relation chrétienne mais sur un tissu social. Chacun fréquente son propre tissu social. Ce dernier est notre référence. Ce que je dis ne concerne pas seulement les laïcs mais bien tout le corps de l'Église. Ainsi arrive-t-il aux catholiques de Versailles, du 8e ou du 16e arrondissement de Paris de fréquenter ceux du 93, du 94, ou du 95 et vice versa? Les officiers catholiques sont-ils prêts à aller saluer leurs soldats ou leurs sous-officiers catholiques à la sortie de la messe? Nous sommes comme dans un ghetto. Nous n'avons pas de véritables relations fraternelles en Christ. Tu trouves probablement que ces paroles sont dures à entendre de la part d'une personne « nouvelle » dans l'Église, mais je le dis avec mon regard de petit frère, ce regard neuf: je pense réellement que si nous voulons vivre les Évangiles et, par conséquent, vivre de vraies relations d'amour, aimer comme Jésus nous aime et nous demande d'aimer nous aussi, nous devons lui demander cette grâce que nos choix d'amitié les uns pour les autres ne dépendent pas d'un tissu social! Sinon, cela montre que le Christ n'a pas imprégné notre humanité... Il est en plus, comme greffé, comme un cheveu sur la soupe... Cela montre que nous vivons encore trop dans notre vieil homme, selon notre naissance charnelle. Et nous aurons beau parler pendant des heures de l'amour fraternel, tant que nous ne vivrons pas réellement dans l'homme nouveau, celui qui est né d'en haut, rien n'y fera.

Autre exemple: combien de catholiques mettent leur foi sous le boisseau dès qu'ils s'engagent socialement ou politiquement? Le 26 mai 2005, le pape Benoît XVI a déclaré: « La force du sacrement de l'Eucharistie va au-delà des murs de notre église. Dans ce Sacrement, le Seigneur est toujours en marche vers le monde. [...] Nous portons le Christ, présent dans la figure du pain, dans les rues de notre ville. […] Que nos rues soient les routes de Jésus ! Que nos maisons soient des maisons pour lui et avec lui ! Que notre vie de tous les jours soit empreinte de sa présence. » Notre dimension de chrétiens n'a pas pour vocation de se vivre dans les limites des murs de notre église. Si nous laissons dans l'église ce que nous y avons reçu, si nous y laissons le Christ, et que nous reprenons notre façon de vivre dès que nous avons franchi la porte, quel est l'intérêt ? L'Eucharistie permet de vivre l'Incarnation de Dieu au-delà de l'église, dans notre ville, dans nos rues, dans nos maisons ! Elle permet que Jésus soit partout où nous allons. Mais pour pouvoir vivre cela, puissions-nous déjà ne pas entrer dans l'église avec nos principes. Autrement, comment la sainte et divine Eucharistie, la sainte et divine Incarnation, pourraient-elles imprégner toute notre personne et toute notre vie ? Comment pourrions-nous être empreints de la présence du Christ si c'est notre vieil homme qui dirige notre vie et qui décrète ? Comment pourrions-nous être libres ? Comment pourrions-nous être réellement chrétiens ? Comment pourrions-nous être réellement nous-mêmes ?

Je pourrais écrire, et toi me lire, sur ce sujet encore et encore, cela ne suffirait pas. Nous devons demander au Seigneur une grâce de conversion afin de pouvoir vivre notre nature d'enfant de Dieu, afin que nos choix soient influencés par cette nature et non pas par le vieil homme. Oui, osons être nous-mêmes, soyons enfants de Dieu. Encore une fois, je sais, cela est dangereux ! Cela demande du courage ! Cela demande en fait d'être en vérité, d'être libre concrètement, à l'image de ce Dieu trinitaire, à l'image de Jésus qui est allé au-delà de certains principes humains posés comme vérité absolue. Oui, demandons tout cela au Père, au nom de Jésus.

Prière :

Ô Jésus,
Ô mon Dieu,
Donne-moi ta force
Afin que je puisse réellement me convertir,
Oser quitter ma vie bien réglée, y compris
dans ma pratique religieuse,
Pour pouvoir vivre réellement de toi, par toi et en toi,
Être à ton image et à ta ressemblance,
Être enfant de Dieu,
Même si je dois poser pour cela des
choix libres qui me coûtent.

Ô Esprit saint,
Donne-moi le don de science
Afin que je sache discerner ce qui
vient de l'esprit du monde
Et ce qui vient de l'esprit de Jésus.
Donne-moi la force et le courage de vivre toujours
plus au sein du Dieu trinitaire
Au-delà du regard des autres.

Ô Père,
Donne-moi la grâce de m'abandonner à toi,
Vraiment, concrètement.
Permets que ceci ne soit pas seulement des mots
Mais que je puisse vivre réellement
abandonné à toi, ô mon Père,
Et abandonner ainsi tout ce qui me rattache
encore à l'esprit du monde.
Amen.

7

Pourquoi vivons-nous si peu notre dimension d'enfant de Dieu ?

«Nous savons, en effet, que, si cette tente où nous habitons sur la terre est détruite, nous avons dans le ciel un édifice qui est l'ouvrage de Dieu, une demeure éternelle qui n'a pas été faite de main d'homme.»
(2 Co 5, 1)

« Car vous êtes tous fils de Dieu
par la foi en Jésus-Christ ;
vous tous, qui avez été baptisés en
Christ, vous avez revêtu Christ. »
(Ga 3, 26-27)

« Demeurez en moi, et je demeurerai en vous. »
(Jn 15, 4)

Nous ne vivons pas dans notre milieu ambiant

J'ai déjà énormément insisté, tout au long de cet ouvrage, sur la nécessité de vivre dans notre milieu ambiant qui est l'homme nouveau pour pouvoir être nous-mêmes. Je n'y reviens ici que très brièvement pour expliciter cette notion. Il se peut que, malgré notre baptême, nous n'ayons pas vraiment envie d'être en communion avec le Christ ! C'est peut-être quelque chose qui n'est pas naturel chez nous, un combat pour lequel nous devons faire des efforts. Mais pourquoi ? Parce que notre intelligence, notre raisonnement, nos sentiments et nos émotions, nous les vivons dans le vieil homme au lieu de les vivre dans l'homme nouveau. Laisse-moi te donner un exemple : imagine que tu sortes un poisson marin de la mer et que tu le mettes dans de l'eau douce. Tu auras beau lui donner une excellente nourriture et tout ce dont il a besoin, que va-t-il se passer ? Il n'ira pas bien, il va probablement mourir... Pourquoi ? Parce qu'il n'est pas dans son milieu ambiant ! C'est exactement la même chose pour nous : si nous vivons, avec toutes les dimensions de notre être dans le vieil homme, nous aurons beau nous nourrir de ce qu'il y a de meilleur – la Sainte Eucharistie, l'adoration, la confession, la louange, etc. –, si nous ne sommes pas dans notre milieu ambiant, qui est maintenant celui où nous avons « revêtu le Christ », où nous sommes ressuscités en lui, il va se passer exactement la même chose que pour ce poisson que nous avons sorti de la mer ! Si nous vivons dans le vieil homme et que, seulement de temps en temps, nous sortons un peu pour respirer et que par cette respiration nous accédons à notre nouvel homme, nous ne pourrons pas vivre naturellement cette relation permanente à Jésus, à Dieu.

Je souhaite à ce propos interpeller une dernière fois les évêques, les prêtres et les diacres. Le discours que l'on peut généralement entendre dans les églises aujourd'hui pourrait malheureusement laisser penser que nous ne sommes que petits, « tordus », misérables... Il est vrai que nous sommes petits et misérables à côté de Dieu. Il est vrai que nous sommes pécheurs. Bien sûr que nous avons toujours notre vieil homme mais nous ne sommes pas que cela ! Or, les nombreuses homélies que j'ai pu entendre depuis que je suis dans l'Église me donnent plutôt l'impression de s'adresser uniquement à notre nature pécheresse issue de notre naissance charnelle. Il est très rare que j'entende parler de notre naissance surnaturelle. Certes, ma conversion est récente et j'ai une toute petite expérience de l'Église en France. Mais je vais à la messe tous les dimanches et plusieurs fois chaque semaine, je voyage à travers toute la France et à l'étranger et j'ai la possibilité d'y voir, d'y d'observer, d'y entendre d'autres messes, d'autres enseignements, d'autres homélies. Et mon constat est toujours le même : combien de prêtres font leur homélie en oubliant que nous sommes réunis pour célébrer la résurrection du Christ, pour nous rappeler ce que Jésus a fait pour nous qui sommes désormais enfants de Dieu ! Personne ne peut le faire à votre place...

Notre perception du Christ

La perception que nous avons du Christ peut, à mon avis, expliquer également pourquoi nous vivons si peu notre dimension d'enfants de Dieu. J'ai remarqué en effet que nous percevions souvent Jésus en fonction de ce que nous sommes, en fonction de nos motivations ou de notre pensée, de nos schémas ou de la façon dont nous souhaiterions qu'il soit. Par exemple, les personnes ayant une pensée très sociale vont souvent voir Jésus comme quelqu'un de très social. Le problème qui se pose alors est le suivant : en enfermant Jésus dans une catégorie humaine, dans nos propres clichés ou dans nos propres modes de fonctionnement, nous oublions l'essentiel. Cet essentiel, c'est que Jésus est Dieu avant d'être un homme, que Dieu est libre, qu'il est lui-même, au-delà du regard des autres, au-delà des perceptions que nous avons de lui, au-delà de nos clichés : il est ! Tant que nous ne prendrons pas vraiment conscience de la divinité de Jésus, concrètement, dans notre relation quotidienne avec lui, nous éprouverons des difficultés à nous percevoir nous-mêmes comme étant enfants de Dieu, à être à son image, libres et véritablement nous-mêmes. Il nous faut réaliser que quand Jésus parle, c'est Dieu qui parle ; quand Jésus opère un miracle, c'est le Verbe à l'intérieur de lui, à travers son humanité, qui agit ! Cette véritable prise de conscience de la divinité de Jésus va nous permettre de laisser transparaître la nouvelle nature qui est en nous, celle d'enfant de Dieu.

Le Christ dans ses mystères de Don Marmion

Afin de prendre conscience, toujours davantage, de la divinité du Christ, je ne peux que te conseiller de lire et de méditer *Le Christ dans ses mystères* de Don Marmion (1919). En voici quelques extraits :

« Quel festin, quel rassasiement, quelle joie pour l'âme fidèle de contempler Dieu, l'Être infini et ineffable dans la personne du Christ Jésus ; d'écouter Dieu dans les paroles de Jésus ; de découvrir les sentiments de Dieu, si je puis ainsi parler, dans les sentiments du Cœur de Jésus ; de regarder les gestes divins, de pénétrer dans leur mystère pour y boire, comme à la source, la vie même de Dieu. [...]

Le Christ Jésus, c'est Dieu vivant au milieu de nous ; c'est Dieu apparu, rendu visible, tangible, mis à notre portée, et nous montrant par sa vie autant que par ses paroles le chemin de la sainteté. [...]

Chaque mystère du Christ, représentant un état de la sainte humanité, nous apporte ainsi participation spéciale de sa divinité. Par exemple, à Noël nous célébrons la naissance de Jésus sur la terre ; nous chantons ces "admirables échanges" qui se fêtent en lui entre la divinité et l'humanité. Et chaque Noël saintement célébré devient pour l'âme, par une communication plus abondante de la grâce, comme une naissance nouvelle à la vie divine. »

Prière :

Ô Esprit saint,
Agis en moi afin que je puisse contempler,
de plus en plus,
la divinité du Christ, à travers son humanité.
Révèle-la-moi toujours plus intensément,
À travers ses mystères,
À travers la lecture des Évangiles, des écrits
de saint Paul et des autres saints.
Ainsi je pourrai vivre vraiment ma
dimension d'enfant de Dieu,
Participer toujours davantage à cette divinité
Et être moi-même.
Amen.

L'homme se définit en dehors de Dieu

Un autre écueil que je perçois chez de nombreux chrétiens occidentaux – et notamment chez les chrétiens français puisque nous sommes en France –, c'est qu'on a l'impression qu'ils portent deux casquettes interchangeables : leur casquette de philosophe, s'ils sont philosophes, ou simplement d'humain (qui correspond à leur éducation, leur rang social, etc.) et celle de chrétien. Et ils n'ont pas seulement deux discours mais ils ont aussi deux réalités : selon qu'ils revêtent leur casquette de chrétien ou bien l'autre, ils peuvent adopter deux raisonnements diamétralement opposés sur l'homme, sur la vie, sur le but de la vie… C'est comme s'ils étaient schizophrènes !

Sur ce point, je me place en décalage total. Quand nous prenons un coup, qui est-ce qui souffre ? C'est le philosophe qui est en nous, l'humain, ou c'est le chrétien ? Quelle casquette souffre ? L'homme est une unité, il est une personne ! Certes, on peut avoir des discours différents. Par exemple, lorsque Dieu parle à Adam et lui dit : « Où es-tu ? » (Gn 3, 9), il tient un discours « philosophique ». Mais Dieu est un, il n'est pas schizophrène ! Et le plus grave dans tout cela, c'est que c'est la philosophie et le système ambiant qui deviennent la réalité de ces chrétiens, leur vie de tous les jours, leur référence absolue. La Parole de Dieu, elle, est comme « greffée » sur leur réalité. Or, tout corps étranger qui n'est pas assimilé est rejeté par le corps ! La philosophie et la culture, au lieu d'être au service de la théologie (qui elle-même devrait être au service de la Parole de Dieu), deviennent la référence à partir de laquelle le chrétien va réfléchir à la condition humaine et à sa propre vie.

La conséquence de ce phénomène est que l'homme, y compris le chrétien, n'a plus besoin de Dieu pour se définir. Dès lors, Dieu n'appartient plus qu'au domaine spirituel. Or, cela va complètement à l'inverse de l'appel chrétien. Dieu a rejoint notre humanité, il est entré dans notre monde ! Dans la Bible, Dieu parle à Adam, à Abraham, à Moïse... Il fait sortir son peuple d'Égypte. Il entre dans l'histoire de l'homme car c'est son histoire, son projet. Dans les Évangiles, nous voyons Jésus prier, manger, pleurer, sourire… Chaque mouvement de son corps, ses yeux, sa bouche, ses oreilles, ses gestes, expriment le Verbe ! Jésus est unifié, totalement. Il ne s'est jamais défini en dehors de Dieu. Dans son humanité, il n'était là que pour servir le Verbe, que pour servir sa divinité. Je crois fermement que notre humanité et notre spiritualité, c'est-à-dire notre relation à Dieu, doivent s'unifier et ce n'est pas le cas aujourd'hui. Si nous nous disons chrétiens et que, malgré tout, nous nous définissons par nous-mêmes, à travers notre raison ou uniquement à travers la loi naturelle implantée par Dieu dans le cœur de l'homme, il y a quelque chose qui ne va pas. Nous ne sommes pas dans la réalité concrète et nous ne pourrons jamais être nous-mêmes puisque c'est Dieu qui nous a créés ! Pourtant, c'est comme cela que vivent beaucoup de chrétiens occidentaux qui considèrent la philosophie, notre culture, notre éducation, notre mode de raisonnement, nos règles et nos conventions comme un terme, une finalité en soi, une référence absolue, un critère de décision, et non pas comme un moyen permettant de mieux mettre des mots, disséquer, étayer, expliciter ce que dit la Parole de Dieu. Nous avons segmenté notre référence en deux : nous avons mis d'un côté notre raison, qui constitue pour nous la référence en soi, et de l'autre, le regard de Dieu. Or, saint Augustin a dit : « Mon cœur ne trouvera pas le repos tant qu'il ne demeure pas en Dieu » ! Notons que le non-croyant, lui, contrairement au chrétien, est logique et cohérent, il est dans son monde de non-croyance, dans la science, la philosophie, le matérialisme, etc.

J'attire ton attention sur le fait que dans les dix commandements que Dieu a donnés à Moïse pour le peuple hébreu, qui sont l'expression claire de la pensée et de la volonté divine, nous allons trouver aussi bien des lois purement « religieuses » que des lois très concrètes qui s'appliquent à la vie sociale, humaine, des hommes. Et nous, chrétiens, nous allons prétendre que les lois sociales, les lois qui régissent les relations humaines, ne concernent pas Dieu ?! Nous allons décréter que Dieu ne doit être (n'a le « droit » d'être) que dans le tabernacle, dans les églises ? Certes, Jésus a dit de rendre à César ce qui appartenait à César et de rendre à Dieu ce qui appartient à Dieu et saint Paul a demandé : « Que chacun se soumette aux autorités en charge. » Cependant, n'oublions pas qu'il précise juste après : « car il n'y a point d'autorité qui ne vienne de Dieu, et celles qui existent sont constituées par Dieu » (Rm 13, 1). Il est bon en effet de se rappeler que, normalement, les autorités locales représentent l'autorité divine. Saint Ambroise a dit : « Ce n'est pas lui faire offense mais honneur que de rappeler à César qu'il appartient à Dieu » ! Jésus lui-même a déclaré à Ponce Pilate : « Tu n'aurais aucun pouvoir sur moi s'il ne t'avait été donné d'en haut » (Jn 19, 11). Ainsi, il nous faut vraiment comprendre que Dieu a plus qu'un droit de regard sur nos attitudes, sur nos choix et sur nos lois humaines. Ce point est extrêmement important dans nos prises de positions dans notre société en tant que catholiques, même si l'État français, au cours de notre histoire, a décidé de séparer l'Église et l'État.

L'homme a enfermé Dieu dans le concept de religion. Sais-tu que dans toute la Bible, le mot religion, au sens où nous l'utilisons, n'apparaît pas, excepté une fois, si je ne fais pas d'erreur, dans le livre d'Esther et ceci pour une raison bien précise ? Ainsi, dans la Bible, Dieu se laisse certes nommer par des mots mais jamais il n'emploie le mot de religion, y compris quand il s'incarne dans les Évangiles. C'est un mot inventé par l'homme qui a décrété que Dieu appartiendrait à la dimension religieuse, à la pratique religieuse. Or, en le faisant entrer dans un cadre, l'homme a limité Dieu. Nous le définissons, nous décidons dans quelle sphère il doit entrer et, par conséquent, dans laquelle il ne doit pas entrer. C'est l'homme qui est en toute-puissance ! C'est lui qui décrète sur Dieu, son propre Créateur, où il doit être, comment il doit fonctionner, etc. Tu imagines ce que cela signifie ? Nous nous sommes substitués à lui, nous sommes devenus des dieux ! Rappelle-toi que c'est justement ce que le serpent avait proposé à Ève… Comment alors pourrions-nous être nous-mêmes, surtout en tant que croyants ? Oui, comment nous, catholiques, pouvons-nous être nous-mêmes si nous faisons de Dieu une idée ? C'est impossible ! J'entends souvent des gens dire que Dieu a fait « irruption » dans leur vie à travers, par exemple, un miracle ou une conversion. Cette manière de dire les choses montre bien que nous nous considérons nous, et non pas Dieu, comme la référence. Nous pensons que Dieu est irrationnel, qu'il ne fait pas partie de notre quotidien et que, brusquement, il y fait irruption. Nous inversons les rôles ! C'est nous qui avons fait irruption dans le projet de Dieu par son bon vouloir ! C'est nous qui avons été créés par Dieu ! C'est nous, baptisés, qui sommes nés de lui !

Nous faisons de Dieu une idée, une pratique... jusqu'au jour où, tout à coup, nous serons peut-être surpris de découvrir que la réalité du christianisme, de l'Incarnation de Dieu, c'est avant tout une rencontre, une relation avec lui, avec ce Dieu qui n'est pas une idée mais une personne. Nous pourrons être nous-mêmes le jour où nous admettrons que nous ne pouvons pas nous définir en dehors de lui tout simplement car nous avons été créés par lui et que, en tant que chrétiens, nous sommes nés de lui par le baptême pour être pleinement à son image. Évidemment, cela demande, encore une fois, une véritable conversion et de l'humilité. Nous devons changer notre regard, remettre les choses à leur place, et, à ce moment, notre intelligence se mettra à raisonner différemment, nous vivrons autrement et nous pourrons être nous-mêmes ! Je te propose de méditer ces paroles du pape Benoît XVI à propos de la Parole de Dieu[1] :

1. Extrait d'une réflexion du pape Benoît XVI à l'occasion de l'ouverture de la XIIe Assemblée générale ordinaire du Synode des évêques, le lundi 6 octobre 2008.

> La Parole de Dieu est davantage encore le fondement de tout, elle est la véritable réalité. Et pour être réalistes, nous devons justement compter sur cette réalité. Nous devons changer notre idée que la matière, les choses solides, qu'on peut toucher, seraient la réalité la plus solide, la plus sûre. [...] Seule la Parole de Dieu est le fondement de toute la réalité, elle est aussi stable que le ciel, plus stable que le ciel, elle est la réalité. Nous devons donc changer notre concept de réalisme. La personne réaliste est celle qui reconnaît dans la Parole de Dieu, dans cette réalité apparemment si faible, le fondement de tout. La personne réaliste est celle qui bâtit sa vie sur ce fondement qui reste en permanence.

Si nous sommes catholiques, je crois que nous pouvons nous interroger : où en sommes-nous par rapport à ce que nous dit ici le pape Benoît XVI (qui pourtant n'est pas juif !) ?

Dieu nous fait peur

Pour finir, je crois que ce qui nous amène à instaurer cette distance entre Dieu et nous-mêmes, c'est que nous avons peur de lui. Dieu nous dérange. Et pourquoi nous dérange-t-il ? Parce que Dieu est amour et que l'amour transforme la personne en la personne aimée. Dieu nous convertit et cela nous bouscule. Même nous, les « catholiques pratiquants », quelle que soit notre sensibilité, charismatique ou non, nous ne voulons pas changer. Nous n'avons pas vraiment envie d'être convertis. Nous sommes très bien dans ce que nous sommes ici et maintenant. Nous avons nos règles et nous ne voulons surtout pas y renoncer, les adapter. Nous avons toujours de bons prétextes, moi le premier ! Serions-nous devenus pires que les pharisiens ?! La conversion nous fait peur parce qu'elle suppose un retournement total de notre être. Je pense que nous avons peur de l'inconnu : à quoi allons-nous nous retenir ? Nous avons aussi peur de l'amour, car l'amour, c'est aimer et être aimé. Et nous avons peur d'être aimés, peur de l'inconnu de l'amour... Peut-être qu'au fond de nous, même inconsciemment, nous savons bien que Dieu est un Dieu personnel, un Dieu qui nous connaît et qui vient au-devant de nous. Mais Dieu est irraisonnable ; si nous le laissons transformer nos cœurs, il va s'incarner dans tout notre être et dans toute notre vie (pas seulement la vie spirituelle). Nous aimons tellement tout maîtriser, tout contrôler. Même l'action de l'Esprit saint, nous voudrions la contrôler, autrement elle nous fait peur...

Nous avons vu que les comportements et les propos de Jésus, dans les Évangiles, sont déroutants. Et c'est à ce Dieu-là que nous devons nous identifier pour être nous-mêmes ! Tout ce qu'il nous enseigne dépasse la raison humaine. Dans l'Évangile de saint Jean, avant sa passion, Jésus fait cette prière : « Père, ceux que tu m'as donnés, je veux que là où je suis, eux aussi soient avec moi, afin qu'ils contemplent ma gloire que tu m'as donnée parce que tu m'as aimé avant la fondation du monde » (Jn 17, 24). Comment pouvons-nous être là où le Christ se trouve, c'est-à-dire dans le sein du Père, dans l'essence divine invisible à tout regard mortel, incompréhensible à toute intelligence humaine ? C'est pourtant sa volonté que nous soyons fixés en lui là-bas. Ne plus être de ce monde alors que nous y sommes encore vivants, cette demande qu'il nous fait est déjà en soi une folie ! Et devenir fou pour Dieu fait peur ! Car il y a encore et toujours le regard de l'autre, de l'autre moi-même, ce que j'ai pu recevoir, les conventions, le poids du groupe… Prenons l'exemple du roi David dans cet épisode qui nous est relaté dans le second livre de Samuel : « David partit et fit monter l'arche de Dieu de la maison d'Obed-Edom à la Cité de David en grande liesse. Quand les porteurs de l'arche eurent fait six pas, il sacrifia un bœuf et un veau gras. David dansait en tournoyant de toutes ses forces devant le Seigneur, il avait ceint un pagne de lin. David et toute la maison d'Israël firent monter l'arche de l'Éternel avec des cris de joie et au son des trompettes. Comme l'arche de l'Éternel entrait dans la cité de David, Mical, fille de Saül, regardait par la fenêtre, et, voyant le roi David sauter et danser devant l'Éternel, elle le méprisa dans son cœur » (2 S 6, 12-16). Nous voyons ici à quel point David est libre, oui totalement libre du regard des autres ! Il n'a pas un comportement raisonnable. Il est le roi d'Israël, l'équivalent, pour nous, d'un président de la République ! Tu imagines un président français sauter et danser devant le Saint Sacrement ? Car il faut vraiment percevoir la réalité de ces événements qui nous sont relatés par la Parole de Dieu, sinon cette dernière ne restera qu'un concept et nous ne pourrons rien en tirer. La joie de David est tellement grande qu'elle provoque en lui un comportement de folie. Peu importe son statut ou sa fonction, il n'y a que lui et l'arche de l'alliance, il n'y a que lui et Dieu ! Forcément, ce comportement est mal compris, il est mal accueilli : sa propre épouse, la personne la plus proche de lui, le méprise. Sache que nous ne pouvons pas comprendre un comportement qui est au-delà de la raison humaine ; nous pouvons juste l'accueillir ou pas, y adhérer ou le rejeter.

Saint Paul nous dit que « la folie de Dieu est plus sage que les hommes » (1 Co 1, 25). Je crois que nous pouvons méditer cette phrase. Bien sûr qu'il faut vivre en société mais cela ne signifie pas qu'il faille en subir la pression, se calquer sur le groupe, le laissant ainsi orienter nos choix et décider à notre place ! Autrement, il n'y aurait jamais eu de saint Paul ! Ce dernier a été libre le jour où il a connu le Christ. Nous pouvons nous inspirer de lui et le prier... Car à cause de nos peurs, nous refusons de laisser Dieu nous construire. Nous préférons nous construire tout seuls, avec nos propres forces, notre propre intelligence et nos propres facultés même si, en même temps, il nous arrive de demander au Seigneur des guérisons ou la grâce. Saint Augustin écrivait : « Tu veux t'enfuir de Dieu ? Eh bien, fuyons Dieu ! » Oui, je pense que le refus de Dieu, c'est le refus de soi-même. La peur de Dieu, c'est la peur de soi !

Prière :

Ô Jésus,
Ô mon Dieu,
Merci de prier pour moi.
Donne-moi cette grâce de me laisser transformer par toi,
De ne plus avoir peur de toi,
D'être libéré du concept que je me fais de toi.
Merci d'avoir prié le Père pour que là où tu es, je sois avec toi,
Comme me l'a rapporté mon frère saint Jean.
Ainsi nous serons toujours ensemble !
Quelle folie de ta part, ô mon Jésus,
De prier le Père pour que moi, je puisse voir ta gloire !
Car tu es dans le sein du Père, dans l'essence divine inaccessible à mon intelligence, inaccessible à toute créature !!!
Et c'est dans ce lieu-là que tu veux, ô Jésus, que je réside.
Et ce lieu-là se trouve déjà ici-bas, en moi, grâce à toi,
Puisque tu es entré dans les limites du monde et l'éternité avec toi.
Quelle folie !!!
Tout est pure folie avec toi, ô Jésus !
Et tu m'appelles à vivre, avec toi, dans cette pure folie ?!!
Ainsi ma folie doit rejoindre la tienne,
Je ne vois pas d'autres moyens, ô mon Dieu, pour t'aimer,
Pour recevoir ton amour,
Pour être avec toi et en toi,

Pour être moi-même.
Ainsi, ô Esprit saint, agis en moi et donne-
moi d'être toujours fou de toi,
Fou de Jésus, fou du Père,
Comme vous, ô Jésus, ô Père, ô Saint-Esprit,
Vous êtes fous d'amour pour moi !
Amen.

Conclusion

Jésus était totalement libre. Libre face à ses contemporains, à la société, à sa culture, face aux principes de son époque... Libre de guérir un jour de Sabbat, de parler à une Samaritaine, de manger avec des pécheurs... De nombreux passages des Évangiles nous le montrent : personne ne l'obligeait à quoi que ce soit. Il ne subissait pas les événements ni les personnes. Il disait ce qu'il voulait dire, il ne répondait pas lorsqu'il ne voulait pas répondre. Lorsqu'il annonce le Pain de Vie et qu'il déclare : « Celui qui mange ma chair et qui boit mon sang a la vie éternelle. [...] Car ma chair est vraiment une nourriture et mon sang vraiment une boisson » (Jn 6, 54-56), il n'adapte pas son discours en fonction de ce que disent ou pensent de lui ceux qui l'écoutent, ces Juifs qui murmurent à son sujet et s'exclament : « Comment celui-là peut-il nous donner sa chair à manger ? » (Jn 6, 52) ? Pendant sa Passion, quand Ponce Pilate lui demande : « Ne réponds-tu rien ? Vois de combien de choses ils t'accusent », il est écrit : « Jésus ne fit plus aucune réponse, ce qui étonna Pilate » (Mc 15, 4-5). Quand il est interrogé par Hérode, nous pouvons lire : « Hérode lui adressa beaucoup de questions ; mais Jésus ne lui répondit rien. Les principaux sacrificateurs et les scribes étaient là, et l'accusaient avec violence » (Lc 23, 9-10). Jésus ne tient jamais compte de ce que l'on peut dire sur lui, que ce soit en face ou par-derrière. Même sa mort, il ne la subit pas. En effet, dans l'Évangile de saint Jean, il déclare : « Ma vie, nul ne la prend, c'est moi qui la donne » (Jn 10, 18) !

Je crois qu'il y a un grand enseignement concret à tirer de cette attitude du Christ. Voilà ce que signifie être soi-même : ne rien subir des événements qui adviennent, ces événements que le Seigneur permet autour de nous. Être libres en Dieu. Non pas par méchanceté, ni violence, ni pour embêter l'autre mais par amour… Jésus est totalement libre dans son humanité, parce qu'il est le Verbe, il est Dieu, il n'est pas sous la domination du péché. Dieu n'est soumis à rien, il n'est astreint par rien. Et nous, qui sommes baptisés, nous sommes devenus enfants de Dieu et membres du Christ. Étant ainsi incorporés au corps mystique du Christ, et donc de Dieu, nous possédons une puissance divine, par lui. Nous sommes divinisés de plus en plus. C'est ce qui nous permet de poser, comme Jésus, des actes libres, par la grâce et par la foi. Bien sûr, nous ne serons jamais libres en plénitude en cette vie. Il nous restera toujours des faiblesses et des blessures. En effet, comme le souligne saint Thomas d'Aquin : « La grâce est imparfaite en un certain sens, en ce sens qu'elle ne guérit pas totalement l'homme.

[…] Cette réparation qui a été apportée par la grâce du Christ est commencée seulement dans notre esprit mais elle n'est pas encore accomplie complètement dans notre chair[1]. » Il est important d'en avoir conscience pour apprendre à nous accueillir et à nous connaître. Cessons de rechercher la perfection. Laissons le Seigneur agir en nous et réjouissons-nous car, par sa grâce, nous sommes libres, de plus en plus… Oui, libres ! Quelle joie, quel bonheur, quelle béatitude ! Combien de personnes ont lutté et luttent encore aujourd'hui pour obtenir une liberté juste humaine, éphémère, pour acquérir des droits humains ? Combien de personnes meurent au nom de cette liberté ? Mais la vraie liberté ne se trouve pas où beaucoup la cherchent. « Là où est l'Esprit du Seigneur, là est la liberté », nous dit saint Paul (2 Co 3, 17). Tout ce que Jésus a fait pour nous, il l'a fait pour que nous puissions être libres à l'image de Dieu : libres dans notre être, dans nos mouvements, dans notre façon de réfléchir, de vivre, d'agir… C'est cela la finalité de l'Incarnation et de toute l'histoire du Christ. Si nous n'accueillons pas ce cadeau qu'il nous fait, cette condition d'enfant de Dieu, nous ne serons jamais nous-mêmes. C'est impossible ! Peut-être que nous croyons l'être, mais nous ne le sommes pas. Beaucoup pensent qu'ils sont libres de choisir leur travail, leurs relations, etc. Mais c'est faux : dans chacun de nos choix, nous subissons la pression de notre imagination, de notre

1. Saint Thomas d'Aquin, *Somme théologique, Prima Secundae*, question 109 : La nécessité de la grâce, XIIIe siècle.

vieil homme et de ses angoisses, de notre éducation, de la société, du regard de l'autre… Nous avons peur d'être nous-mêmes parce que le vieil homme a peur, naturellement. C'est pourquoi je souhaite vraiment insister sur la nécessité de demander la grâce. Saint Thomas d'Aquin nous dit : « Pour éviter tous les péchés, il faut la grâce et sans la grâce, on ne peut pas éviter le péché. » Seule la grâce nous permet de poser des actes libres. Alors, quels que soient l'état ou les circonstances dans lesquels nous nous trouvons, demandons-la avec insistance ! N'hésitons pas à solliciter la Vierge Marie, qui est pleine de grâce, elle qui a eu la folie d'accepter de vivre le projet que Dieu avait conçu pour elle, celui d'être enceinte du Fils de Dieu, alors qu'elle n'était pas mariée, allant ainsi à contre-courant de la société, prenant le risque d'être répudiée par Joseph. Marie était libre parce qu'elle avait été préservée du péché. Demandons-lui de prier pour nous et de nous obtenir les grâces dont nous avons besoin pour être nous-mêmes, celles qu'il nous manque pour être libres comme elle ! Comment Jésus pourrait-il lui refuser quoi que ce soit, lui que nous voyons accéder à sa demande lors des Noces de Cana (Jn 2, 1-11) ?

Le pape François nous expliquait dernièrement en quoi consiste la véritable liberté, celle du chrétien :

> Quand il a pris la décision de monter à Jérusalem pour y souffrir sa passion, Jésus a-t-il agi sous la contrainte ou était-il libre ? Jésus n'était pas, en quelque

> sorte, « télécommandé » ; il a agi librement, en écoutant la voix de sa conscience, c'est-à-dire en écoutant dans son cœur la voix du Père et en la suivant. Sa décision, il l'a prise dans sa conscience, mais pas seul : avec son Père, en pleine union avec lui. Il a décidé en obéissance à son Père, dans une écoute profonde, intime, de sa volonté. Jésus veut des chrétiens qui ne soient ni égoïstes, c'est-à-dire qui suivent leur « moi », ne parlent pas avec Dieu, ni des chrétiens faibles, qui n'aient pas de volonté, des chrétiens « télécommandés », incapables de créativité. Jésus veut que nous soyons des chrétiens libres comme lui, de cette liberté qui vient du dialogue avec le Père, avec Dieu.[1]

Cette relation profonde et réelle avec Dieu qui, seule, nous permet d'être nous-mêmes, n'est possible qu'à partir du moment où nous nous laissons enfanter par lui. C'est la relation du Père avec son enfant qui nous rend libres et non pas simplement celle du Créateur avec sa créature. C'est en nous faisant naître de lui que Dieu nous permet de venir jusqu'à lui, de vivre de lui et en lui, de le connaître et de l'aimer. Car il est un Dieu caché mais à son enfant, il se révèle et s'offre lui-même en héritage. Que pourrions-nous espérer de plus grand ? Dieu est la finalité en soi ! Tout cela s'accomplit par et en Jésus-Christ, lui le Fils, l'unique, l'ultime, engendré par le Père et consubstantiel à lui. Il est « le chemin, la vérité et la vie » (Jn 14, 6) ! À Philippe qui lui demande : « montre-nous le Père », il répond : « Il y a si longtemps que je suis avec vous,

1. Le pape François, 30 juin 2013.

et tu ne me connais pas, Philippe! Celui qui m'a vu a vu le Père. Comment peux-tu dire: "Montre-nous le Père"? Tu ne crois donc pas que je suis dans le Père et que le Père est en moi!» (Jn 14, 8-10). Non, tout ceci, Philippe ne l'a pas vu car il a vécu les choses de l'extérieur. C'est notre dimension d'enfant de Dieu qui nous permet de recevoir et d'accueillir que Jésus est dans le sein du Père et que le Père est en lui et qu'il nous associe à tout cela… Cessons de rester à l'extérieur, avec le regard du vieil homme, quand nous recevons la Sainte Eucharistie, quand nous disons le Notre Père, cessons de vivre le catholicisme comme une pratique car ce n'est pas là sa vocation.

Si tu es baptisé, je prie pour que ces quelques pages t'aient permis de redécouvrir ta condition d'enfant de Dieu et qu'elles t'aient donné l'envie d'approfondir ta relation à Jésus, au Père et à l'Esprit saint. Cette nouvelle naissance que Dieu t'a donnée au moment de ton baptême est éternelle: à chaque instant, Dieu te fait naître de lui. Il n'est jamais trop tard pour en prendre conscience. Encore une fois, le vieil homme doit mourir sur la croix… Si tu n'es pas baptisé, comme je prie pour que ce livre ait su mettre en ton cœur le désir de naître de Dieu à ton tour!

Qui que tu sois, que Dieu te bénisse… Merci de prier pour moi.

Ton petit frère en Christ.

Prière finale :

Ô Trinité que j'adore,
Ô Jésus,
Ô mon Dieu,
Faites tout simplement que je
puisse être ce que je suis :
Un enfant de Dieu !

Remerciements

Je souhaite tout d'abord rendre grâce au Seigneur pour ce qu'il a mis dans mon cœur et que je vous ai livré dans cet ouvrage.

Je remercie également la Très Sainte Vierge Marie, saint Jean mon patron, saint Paul et sainte Thérèse de l'Enfant-Jésus de nous avoir guidés dans l'écriture de ce livre.

Merci à toutes les personnes qui, par leurs conseils, nous ont permis de porter un autre regard sur le texte.

Je remercie enfin tout particulièrement celle grâce à qui ma pensée a pu être mise sur papier, Sophie Déplanque.

Table

Retrouvez-moi sur mon site internet :
www.delakippaalacroix.fr

Cet ouvrage a été composé
par Atlant'Communication
au Bernard (Vendée).

Achevé d'imprimer en France
en juin 2014
sur les presses de
Corlet Imprimeur
14110 Condé-sur-Noireau

Imprimé en France
Dépôt légal : juin 2014
N° d'imprimeur : 164875